K.G. りぶれっと No. 55

帝国の時代とその後

李恩子　ツー・ユンフイ・ティモシー［著］
(イ・ウンジャ)

関西学院大学出版会

ま え が き（Ｉ）

　本書は、帝国の時代がもたらした諸現象を著者二人の記憶と経験か
ら読み解いたものである。執筆にあたっての経緯はあとがきに書いた
が、あらためて二人の共通する問題設定を一つだけ記しておきたい。
それは19世紀、20世紀をピークにした帝国（本書では日本）がもた
らした諸問題は、変容しながらも継続しているという点である。この
共通認識に加えて、私の考える本書の特徴を挙げておく。まず、学際
的な研究関心から著者二人の記憶と経験をミクロ的事例として考察す
ることで、帝国の爪跡がいまだに残っている諸々の事象を考える材料
を提供したという点である。次に、それらの記憶と経験の記述は、個
人史的な枠を超えて新たな方法論や理論的枠組みとなりうる材料がち
りばめられているということである。

　第Ｉ部を担当した私は、「帝国の落とし子」として生まれ育った「在
日二世」であり、帝国の植民地主義の負の遺産を植民地宗主国であっ
た日本で継続して体験してきた。そのいくつかの経験を関心ある研究
テーマに引き寄せて考察した論考を収録した。以下、項目別に簡単に
概略する。

　第1章は、日本が第一次世界大戦から第二次世界大戦まで実行した
旧南洋群島・ミクロネシア支配の結果、戦後置き去りにされたミクロ
ネシア女性と日本人男性の間に生まれた「混血児」の様相を通して見
えてくる帝国の複合的抑圧構造を、ジェンダーとポストコロニアルの
視点から描いたものである。第2章は、食をめぐる記憶から在日一世
たちの食文化の歴史的生活空間を呼び起こすことで、忘却されつつあ
る在日一世たちの苦難の歴史から生まれた創造的食文化と、二世への
その継承のあり方についてを綴った。第3章は、在日の食文化につい
てのpart Ⅱとして、食文化をめぐる差別の記憶と、在日の食文化が

日本食の一部として扱われる問題を指摘した。そして、在日の日本社会への貢献やその存在そのものが不可視化させられている実態に対し問題提起を試みた。つまり、第3章は第2章とは違う角度から在日の食文化に光を当てて考察したものである。第4章は、帝国の支配装置という視点から、コロナ感染症の対策の一つである水際対策と隔離政策について実際に経験したことを記述し、その実態を示すことによって、移動の時代における危機管理についての再考を促すことを目指したものである。

李恩子（イ・ウンジャ）

まえがき（Ⅱ）

　アジアの近代史に関心のある者は、必然的に帝国と植民地が視野に入ってくるだろう。植民地統治時代と脱植民地時代を両方体験し、帝国主義の文物制度が多く継承されている国や社会で長く暮らしたことのある筆者は、文献で得た知識を自分自身の生活体験に重ねることがよくある。それが、研究を通して自己認識を深めることになり、また、生活体験を史料に投影することで、自分の歴史認識も批判的に省察できるからだ。特に後者の点は、1950〜60年代アメリカの歴史学界を風靡したオックスフォード大学の哲学者R.G.コリングウッドが提唱する「歴史的想像」（historical imagination）に通底するのではと思う。想像力を働かせなければ歴史家は歴史を再現できない、とコリングウッドは主張する。考古学者が出土品をもとに昔の人々の生活様式を再現する知的作業はその一例である。これに対し筆者の関心は、帝国主義・植民地統治のもとで生活した人々の情緒や感性、そして感情と思想にある。これを再現するためには、史料を解読する過程に自分の生活体験も持ち込まなければ、想像力はうまく働かない。1990年代のアメリカ人類学界を騒がせた、プリンストン大学のガナナート・オベーセーカラとシカゴ大学のマーシャル・サーリンズの間で交わされたキャプテン・クック論争がある。その議論で筆者が気づいたのは、研究者が昔の人間に「なりすまして」歴史を再現することは不可能だけれども、研究者の主観がまったく入らない歴史研究もありえないことだった。どちらかというと、主観があってこそ歴史叙述が初めて可能になると思う。

　本書ではあえて自分を前面に出し、生活の中に見たこと、聞いたこと、そして感じたことを、歴史学や人類学で議論されている問題点に絡み合わせ、論文でもなく回想でもないエッセイを実験的に書いてみ

た。大きなテーマは「帝国」だが、「南洋」、「混血児」、「性」と「食」という視座に順番に立って帝国の歴史を多角的に考察した。「南洋」との出会いは、シンガポールで仕事をするようになったことがきっかけだった。「混血児」に関する思考は、シンガポールと香港で暮らしていた経験に負うところが大きい。「性」については、移民関係の史料を解読している時に、先行文献が見落としている事例に気づき、ここで初歩的な考察を述べてみた。「食」の部分は、食べ物に対する昔からの趣味がいつの間にか知的好奇心を生み、研究対象にまでなった。まったく幸運な偶然から来ているものである。考察の対象が帝国とはいえ、筆者がここで試みたのは帝国の考古学だけではなく、今和次郎の言葉を借りれば帝国の「考現学」でもある。歴史的な帝国が今現在でも存在していることを身近な事例を通じて自分のために再確認し、読者にもアピールしたい。マクロの意味でもミクロの意味でも、帝国は確かに生きている——それもかろうじて生き延びているのではなく、逞ましく生まれ変わりながら存続すると、筆者は思う。

　本書に含まれている 4 本の文章は、体裁からも内容からも学術論文とはいえない。便宜的にこれらを「学術エッセイ」と位置付ける。この変異種ジャンルの特性を理解して読んでもらえることを期待したい。

ツー・ユンフイ・ティモシー

目　次

vi

第 I 部

帝国の爪跡──記憶と語り

1 ミクロネシアの「混血児」
国家、ジェンダー、アイデンティティ

ミクロネシアとの出会い

1987 年、カルフォルニア Bay Area に住んでいた頃、話題になった本がある。*American Lake: Nuclear Peril in the Pacific* というタイトルの本である。友人に勧められて購入した。もちろん、推薦されたからだけではない。タイトルに暗示されているアメリカの太平洋における戦後政治の野望を知りたかった。'American Lake' とはよく名付けたものだ。北米の陸の面積よりもはるかに大きい環太平洋地域、そこには、いくつもの島嶼国家が散在し、その多くがアメリカの支配圏下にある。まさにアメリカの湖となっているのだ。

著者の一人である Walden Bello はフィリピン人で、当時ベイエリアに住みながら知識人社会活動家として、アジア系アメリカ人コミュニティや核兵器廃絶軍縮運動を担う人々の間でよく知られ、少なからずそのコミュニティに影響を与えていた人物でもあった。その著者の独特な立ち位置からの視点と分析も見てみたかったのだ。

この American Lake に浮かぶミクロネシアの島嶼国との出会い

1　Peter Hayes, Lyuba Zarsky & Walden Bello, *American Lake: Nuclear Peril in the Pacific*. Penguin Books, 1986.

2　日本の研究者が「アメリカの湖」と使っていたので、日本でも研究用語で流通しているのかと本章を書きながら検索すると、北米の五大湖について溢れるようにでていた。しかし本章での文脈にある太平洋を指すものは極めて少なかった。

は、今から思えば、この時から始まっていたのかもしれない。しかし、当時、この American Lake に浮かぶ島嶼国ミクロネシアの島々が、戦前日本の統治下にあった歴史的経緯については熟知していなかった。その地域が研究対象の一つになったのは、第一次世界大戦後ミクロネシアに送られた日本人キリスト教宣教団についての調査依頼を受けたことによる。

　近代に入り「南進」を虎視眈々と進めていた日本は、1914 年に第一次世界大戦が始まるやこの地に上陸し、軍政を敷いた。そして、戦後国際連盟による委任統治を受け、旧南洋群島、ミクロネシアを継続して支配統治することになった。日本は、委任条項の一つに現地の住民の宗教的自由の保障があることや、日本の統治以前のドイツ統治時代のキリスト教団体の財産掌握などの利害もあり、キリスト教を保護する政策を取らざるを得なかった。事実、その目的遂行のための一貫だろう、ドイツの宣教団体からミクロネシアに送られ、宣教活動していたドイツ人たちを追放し、直接ドイツに送り返さず東京の巣鴨刑務所に収容した。住民の大多数がクリスチャンであることもあり、日本政府は他の宗教団体と比べて破格の予算援助を、日本から派遣したキリスト宣教団にしている。この宣教団の名称は南洋伝道団という。南洋伝道団は 1919 年 6 月ヴェルサイユ講話条約が結ばれる 4 か月も前にミクロネシアに送られた。1919 年 2 月から 1945 年までの間、伝道団の 8 人とその家族がミクロネシアで宣教活動をした。

　友人を介して調査依頼した現地の牧師は、Saburo Robert という名前で、南洋伝道団の第一陣の宣教師である山口祥吉が建てた教会の三代目の牧師として働いている人だった。そして、その教会の二代目牧師であった彼の父親は、山口牧師の計らいで、当時早稲田大学に留学したという。そのようないきさつから山口牧師を含め日本人宣教団のことを知りたかったのだ。名前の Saburo も日本との関係にちなんで三郎からきているという。しかし、彼は日系ではない。

　島の人々は、日本人が島に来て伝道し、教会堂を建てたこと以外は

何も知らなかった。そればかりか、その宣教団の名称が南洋伝道団ということすら知らない具合だった。ましてや、その人たちが日本組合基督教会（現日本基督教団前身）を介して日本政府、具体的には海軍の後押しによって派遣されていたというようなことなどは、まったく想像も付かないようだった。南洋伝道団の第一陣の宣教師で、教会堂を建てた初代牧師の Shokichi Yamaguchi というフルネームだけが、現在も住民たちの間で記憶伝承されている。[3]

　調査依頼から数か月後の 2011 年 12 月、調査報告を発表するため初めて訪れた。40 年以上前に訪れたフィリピンを思い出させるような質素な町並み、子供たちの明るくて人なつこい目と、笑顔を振りまきながらも、まるで何者だと問うているような好奇に満ちたまなざしなど、一瞬にしてこの地域に興味を持った。そして、日本との関係についてもっと調べたいという思いに駆られたのだ。

　この間、チューク、ポナペイ、パラオ、サイパンで踏査を行った。[4] 初期の調査では一般的な住民の日本に対する感情や考えについて調べた。例えば、アメリカとの戦後の信託統治を経て現在もその支配が続く「自由連合盟約：Compact of Free Association」下の関係、そして、その支配関係のもとでの教育内容——米国から教材が送られてくるや、強制とも思える米国型食文化への変容とそれによる健康被害、その他、公衆衛生——に関することなどであった。このような問

3　この宣教師グループ南洋伝道団が送られた歴史的背景などの詳細については拙著「忘れられたもう一つの植民地——旧南洋群島における宗教と政治がもたらした文化的遺制」森田雅也編著『島国文化と異文化遭遇——海洋世界が育んだ孤立と共生』関西学院大学出版会、2015 年を参照。

4　赤道のすぐ上にあるこれらの島々は 80 年代後半から 90 年代はじめに域内にある大小の島々と統合して独立国家（戦後の米国の信託統治を経て現在も支配下にあるが）を設立した。それぞれチューク、ポナペイはミクロネシア連邦共和国、パラオはパラオ共和国、サイパンは北マリアナ連邦だ。そして、現在も調査訪問できていないのだが、水爆実験の被害の甚大さで知られるビキニ島があるのがマーシャル諸島共和国である。

題意識をもとに、とりわけ女性の身体への影響について聞き取り調査を始めた。

　ところで、現地での聞き取り調査をしていると、日本から来たことがわかるや即座に「私の家族にも日本人の祖先がいる」という人たちに少なからず出会った。その日本人の祖先とは、ほぼ 100 パーセントが祖父ないし父親にあたる人である。

　「15 年戦争」[5]が始まった直後の 1933 年に、日本は国際連盟を脱退している。本来であれば脱退と同時に国際連盟から受任した、この地の委任統治も終了するべきであろう。しかし、その統治は第二次世界大戦終焉まで続いた。

　31 年にも及ぶ日本の統治期間は、現地住民はもとより、とりわけ、本章が焦点とする女性の身体（生・性）に多大な影響を及ぼした。しかし、日本人との具体的なインタラクション（相互作用）の経験を持つ当時の世代はほとんど生存しておらず、当事者である女性たちからの体験を直接聞くことは困難である。だが、日本人との間に生まれた次世代から日本人祖父や父親についての聞き取りは可能である。そこで本章は、これまでの多様な地域で行った聞き取り調査をもとに、学術的なエッセイとして記録することを目指すものである。

本章の視座と目的

　本章の個人的な研究動機と背景を書いてきたが、本章の目的は旧南洋群島と日本の関係についての研究の中で見落とされてきた「混血児」の存在に光を当てることである。その出発点となる問いは、なぜミクロネシア女性とその子供たちは置き去りにされたのか、なぜ戦後の帰還時期に日本人の父親と一緒に日本に行かなかったのか、あるいは行

5　1931 年満州事変から、1937 年日中戦争、1940 年太平洋戦争までの日本の
　　対外戦争を指す。三つの戦争の連関性を見ることを促す用語である。

けなかったのかなどである。

　旧南洋群島をはじめ近年、太平洋に関する研究はますます増えている。しかし、まだまだ広範囲な分野にわたる研究課題になっているとはいえない。とりわけ、本章の関心事例である「混血児」に関する研究は、極めて限られているというのが実情である。戦後の日本人の引揚者、あるいは帰還問題に関しての研究の中でもこの事柄についての言及は見当たらない。元来マイナーな地域研究であることに加え、この地域に関するジェンダー視点による日本語での研究は皆無に等しい。本章で扱う日本人男性と現地女性との間に生まれた「混血児」に関する研究は、飯高の論考以外進んでいないといえる。[6]

　このような現状を踏まえて本章は、これまでの現地調査から出会ったいくつかの事例を訪問記的にまず紹介し、二回に渡って聞き取りをした同一人物の物語を詳細に紹介したい。その理由は後述するが、筆者が「在日二世」であるということと関係している。また、この事例がまさに、本章の「混血児」の事象を語る視座つまり、どのような枠組みでこの歴史的事象を捉えるべきなのかを示唆してくれるためである。言い換えるならば、近代の帝国主義、植民地主義の負の遺産を支配──被支配の関係からのみ見るのではなく、そこに内在する複雑で多様な側面を二回に渡って聞き取りした事例から考えてみたいのだ。

　帝国の野望の歴史の中で記述されず残り得なかった、しかし、重要な事柄は多い。本章の事例もその一つである。忘れられてきた原因は何なのかを考えてみたい。そして、とりもなおさず本章の究極的目的は、事例の紹介そのものではなく、むしろ、その事例を介して筆者の

6　例えば、飯高伸五「旧南洋群島における日系人のアソシエーション──パラオサクラ会を事例として」（日本文化人類学会第42回研究大会発表、2008年）や、小林泉による元日本の野球選手として活躍したアイザワ・ススムについて（注11参照のこと）、などが見られる。これらはケーススタディとして有用であるが、混血児に関連する全体像はまだまだ解明されなければならない。

「在日性」も含む帝国の歴史性の意味を再検証してみたいのである。つまり、帝国、植民地主義の結果「在日」という生き方から生まれた視点から事例と対話し、主題である帝国の爪跡はもちろん、副題にある、国家やアイデンティティそして、ジェンダーについて再考することである。

「混血児」の多様な姿とそのアイデンティティ
—— 踏査事例から

　政治史や国際関係学、あるいは近年活発になっている引揚研究などから落ちこぼれている、日本人男性と現地女性との「混血児問題」を詳しく調べたいと思ったのは二回目の踏査からだった。すでに三世の世代になる「混血児」から日本とミクロネシアの歴史的関係を見たい、見なければと思うようになっていたので、ガイド兼通訳者（現地語から英語）に「日系混血児」の人に会わせてほしいと頼んだ。この通訳者は公務員で、英語はできるが日本語はできない。日本の委任統治[7]時代に現地住民は、日本語教育と修身がもっとも重要だとする公学校で日本語を教えられていた。しかし、戦後 70 年近くの歳月が流れ、日本語のできる世代はいなくなり、調査中に日本語がわかる人に出会うことはなかった。ただ、日本語の単語が現地語の中に多数残っているという研究があるように、時々日本語の単語を耳にすることはあった。例えば、現地で「混血児」は「あいの子」、*Ainoko* や *konketsu* として使われていた。また、現地の短期大学の学長を筆者の大学に招いた時、「先生」という単語が同じ意味で使われていることに彼は驚いた様子で、日本語からきているとは知らなかったと言った。ただ、スペルは Sensei でなく Sense である。

7　米国との「自由連合盟約」関係による援助金は経済施策に使われることなく、公務員として職を提供する形の依存型モデルといえる。沖縄への政策も類似する。

　名前や言語、そして、巻き寿司やあんパンなどの食べ物に残る「日本的文化」は、30年に及ぶ日本統治のレガシーとして、戦後のアメリカによる40年以上の支配を経ても、いまだ色濃く残っている。文化的名残りが色濃く存在しているのは、日本にいる生物学的「家族」と離散し、連絡をとる術もない「混血児」が、歳月を経ても日本の文化の端くれを伝達するエージェントとして存在しているからだろうか。あるいは、日本の統治支配形態は、アメリカの軍事目的遂行のための支配形態——財政援助という依存型——、とは違って、現地で産業を作り、現地住民はもとより、日本、沖縄や植民地朝鮮から労働力を動員し搾取するというもので、動員された人々によって形成されたコミュニティの中で「日本的文化」が伝達、共有された結果、今日もその断片が残っているのだろうか。あるいは、渡航する利便性は悪いが、地理的に日本と距離が近いということによる文化の類似性なのか。それとも、特定の日系家族の影響力が根強く残っているからなのだろうか。現在も現地のあちらこちらに日本統治時代の名残りを見ることができる[8]。

　日本の委任統治、そして米国の信託統治を経て独立した旧南洋群島は、四つの島嶼国家になった[9]。その一つのミクロネシア連邦という国家の構成区の一つであるチューク（旧トラック島）には有名な「日系混血児」一族がいる。ミクロネシア連邦と命名する国家の大統領を輩出した、Mori Family と呼ばれている一族だ。この一族は、かなり人種差別的な漫画『冒険ダン吉』のモチーフとされた、といわれている。高知県出身の森小弁がミクロネシアに渡り、「酋長」の娘と結婚

8　文化的名残り以外にも太平洋戦争時に使用した武器類が、陸には大砲がそのまま放置されており、海には沈没した日本船が多数あってダイバーの観光スポットになっている。

9　厳密にいえば四つのうちマリアナ諸島連邦は米国の属領である。また三つの独立国家も軍事権は米国が握り、独立国家とはいい難い。

し、一大実業家になった人の子孫たちである。[10] Mori 一族の経済力
は、島で一番高級といわれるホテルを経営していたり、唯一の短期大
学所在地の土地がその一族の所有地であったり、という事実からもわ
かる。Mori 一族と同様に有名なのが、Aizawa 一族である。どちらも
政治家や経済人の中にその一族が多くいる。Aizawa は、島嶼間を行
き来するモーターボートの船着き場のすぐ横にある現代的な大きな建
物のオーナーであり、その他のビジネスも展開している。元ジャイア
ンツの Aizawa 選手もその子孫である。[11]

　この二大「日系混血」一族以外に「普通」の"日系混血児"にも会
いたかったので、ガイドに探してほしいと頼んだ。すると、Masayo
（仮名、以下 M とする）という日本名で知られている女性の家に案内
してくれた。彼女が住む家は、前述した日本人宣教師の山口が建てた
教会のあるトノアス島──日本統治時代には夏島と命名されていた
──に位置していた。初めてこのトノアス島を訪れた時には気がつか
なかったのだが、山口が建てた教会の目の前には日本の陸軍病院が建
てられていたことがわかった。現在もその建物の基礎部分の跡がしっ
かり残っており、宗教と国家の密な関係を見る思いだった。

　さて、M の話に戻ろう。彼女によると、日本人の父親とチューク
人の母親は戦前「正式」な婚姻関係にあったという。しかし、戦争の
終焉過程で父親は日本に帰還したが、母親と彼女は島に残されたとい
う。この「正式」な結婚がどのようなものを意味しているのかわから
ないが、なぜ母子を置いて単身で帰還したのであろうか。軍属として
送られた父親は重婚だったのだろうか。後に呼び寄せようと思ったが
できなかったのだろうか。戸籍に入れていなかったからなのだろうか。
　戦後半年以内という短期間に、大多数の日本人軍人、役人、労働者

10　ちなみに高知県は2019年森小弁生誕150年記念事業を主催し、共催の高知・
　　ミクロネシア友好交流協会と大きなイベントを開催している。
11　Aizawa（相沢）選手についての詳細は小林泉『南の島の日本人──もうひ
　　とつの戦後史』産経新聞出版、2010 年参照。

とそれぞれの家族は米軍の指揮下で帰還させられた。米軍の要請は「残留」という選択肢を与えない強制的な送還であった。しかし、いくら短期間内での追放で、送還船の定員数や便数に制限が課せられていたとしても、現地女性とその子供たちが置き去りにされた理由だとはみなし難い。Ｍも詳しいことを聞かされていないと言い、何十年も後に父親と会った時にもその理由は聞いていないようだった。

　父親の顔も知らないまま育った彼女が、日本にいる親族と会うのは随分後になってからだ。1974年のある日、突然、父親の戦友だったという人が訪ねて来たという。日本にいる父親が彼女を招きたいという伝言を持って来たのだ。それがきっかけで彼女は数度、東北で保育園を運営している父親を訪ねていくことになった。父親の援助か、夫の経済力なのか、彼女は村の中でも裕福な層にいた。村の人たちに彼女が日系であることをどう受け止めているのか聞くことはできなかった。その時点で「日系」や「混血」であることは、ミクロネシア人というカテゴリーにどのような影響があるのかという問題意識を持ち合わせていなかったためだ。つまり、「混血児」当事者の意識に関心があって、「混血児」を見る他者の意識にまで関心が届いていなかったのだ。この点を聞くことができたならば、「混血」という他者に対してこの文化圏での捉え方を知る一助になり得ただろう。それはある意味、本章のテーマの一つである国民国家の枠組みの再考やその枠組みで想定するアイデンティティの必要性の是非や、内実を検証するヒントを与えてくれたかもしれないので残念だ。

　Ｍに会った2年後の2015年に聞き取りをした他の事例にも少し触れておきたい。

　チューク短期大学で職員をしている方の家族の物語である。彼の祖父は沖縄出身であるが、ビジネスで来たのか、戦時動員で来たのかわからない。詳しい経緯はわからないが、戦後沖縄に戻り、沖縄にいる妻が亡くなった後、チュークに戻ってきた。そして、チュークに残していた「妻子」と住んだという。もしその「現地妻」が再婚していた

なら一緒に暮らすことはできなかったはずだ。ちなみに、日本人男性に「置き去り」にされた現地の女性の多くは、その後現地の人と結婚している。

　戦後、日本人の戸籍に入籍してもらい、父親と一緒に日本に連れられた現地生まれの子供たちは少数だ。その数少ないケースの中でも、生まれ育った島に戻っているという事例が、前述のパラオアソシエーションのメンバーへの聞き取り調査研究の中で紹介されている。また、筆者がインタビューした Aizawa 選手の甥にあたる人が、晩年 Aizawa は故郷に戻ってきて親族に見守られて息を引き取ったと話してくれた。戦後、日本にいる親元のところに行った「混血児」自体少ないが、戻ってきたケースもめずらしい。

　戦後米国により強制的に日本、沖縄への帰還を余儀なくされた沖縄出身の移住労働者の多くは、それまでに築き上げていた生活基盤のある旧南洋群島、特にサイパンへの再帰還を望んでいた。しかし、米軍の諸々の政策のため再帰還は実現できなかった[12]。ただ、ここで確認しておきたいことは、ミクロネシアの女性との間に生まれた子供たちの離散状態が放置されてきた理由は、旧南洋群島への再帰還ができなかったためだったとは考えにくい。なぜなら、そもそも引き揚げ、帰還時の家族の中に、数少ない例外を除き、ミクロネシアの「混血児」は含まれていなかったと思われるからだ。そのことを想定しうる理由は、旧南洋群島への再帰還事業を推進するために立ち上げられ、後に慰霊訪問の活動に変更し、現在も継続している「沖縄南洋群島帰還者会」の方とのメールのやり取りにある。

　この会を牽引する一人に、現地に置いてきた家族について帰還者たちはどのように思っているのだろうかと尋ねてみた。ところが回答は、戦時中の混乱の中で死別などはあっても帰還時に家族を置いてき

12　沖縄の帰還者に対する米国の政策に関する研究は、大原朋子「戦後沖縄社会と南洋群島引揚者──引揚者団体活動に注目して」『移民研究』(6)、23-44頁、2010 年等を参照。

た人はいないというのだ。現地で何人もの離散家族に会ってきた筆者はこの回答に驚かされた。なぜこのような回答になるのだろうか。会員の中にミクロネシアの女性との間に生まれた子どもを持つ人がいないからだろうか。それとも、そのような事実があったとしても何らかの理由で語っていないからなのだろうか。家族というと「一夫一婦」制の下で生じた子供たちしか発想にないからなのだろうか。沖縄人と現地女性との関係は少なく、「混血児」の父親は日本本土から来た軍人、役人、ビジネスマンなどの日本人が多かったためなのだろうか。あるいは、現地の女性やその女性との間に生まれた子供たちは、「帰還者家族」という枠に入っていないか、入れられていないからなのだろうか。

　「帰還者会」の方とのやり取りだけではなく、現地での聞き取り調査やハワイ大学政府関係資料のアーキビストによるリサーチ協力からも、このような疑問に対する答えは得ることができなかった。ややもすればこのような答えのない諸問題は、帝国崩壊後の国家間秩序の中で忘れられ、取り残される被抑圧グループの中の女性たちに共通して残っているのではないだろうか。

　聞き取り調査をした20人ほどの人々は、ほとんど日本の親族とつながっていない。探してほしいという人もいた。そんな中、時々日本に行って祖父方の親族と交流しているという女性と出会った。彼女はパラオにある国連関係の事務所で働いていた。突然の訪問にもかかわらず、温かく迎え入れてくれた。日本の姓であるSasaki（仮名、以下Sとする）をラストネームとして使っていた。この地域の「エリートコース」の一つは、ハワイあるいは米国西海岸の大学で学士や修士を得て故郷に戻ってくるというものである。彼女もハワイ大学で修士号を取り故郷に戻ってきた。旧南洋群島は冒頭で述べたように、米国による信託統治後も米国の軍事的戦略地として存在し、その見返りの一つにビザなしで米国での就労や医療サービス、教育が受けられる。その便宜を使って多くの若者が島を離れ、米国領土内に移住してい

る。高等教育を求める者の中には米国ではなく、共通言語としての英語が通用することや、国際機関が多いフィジーに行くケースもあるが大多数が米国である。

　Sは日本の苗字を名乗り、調査中に会った「混血児」の中でも日本に対する思いは強い人だった。しかし、パラオ、それも二大クラン（clan）の一つに属している者としてのアイデンティティがより強いという。パラオで生まれ育っているので、当然のことだろう。彼女にとってパラオと日本というのはどちらも肯定する、できる基軸として作用しているようだ。

　日本に対する自信に満ちた肯定感に、一方で羨ましいと思い、他方で日本の「加害性」の歴史認識を抜いて日本とのつながりに誇りを持つ彼女に対して、それも彼女が国連職員ということもあって、何か複雑な思いになった。もちろん深い話をするまでに至らなかったので、即断することはできないし、フェアではない。だが、パラオの人たちは一般的に他の旧南洋群島島嶼国家より政治意識が高いといわれている。例えば、パラオは戦後のアメリカの信託統治からの独立が一番遅かった。独立が遅れた理由は、周辺海域への核兵器廃棄物廃棄の禁止を憲法に明記したことからアメリカとの交渉が長引いたのだ。つまり、支配されることに敏感な国の人たちであるといわれていることもあり、彼女の日本へのアイデンティティに対し、勝手な思い込みと期待からであるが少し違和感を覚えたのだ。

　政治、歴史的意識が被支配の側に立っているとしても、個人的な「血縁」の関係による帰属意識とその「加害性」に対する問題意識とは一致しないのかもしれない。太平洋戦争中の「ペリリューの戦い」に見られるように、日米両国の激戦のため、多大な戦争被害を受けているパラオの歴史からしても、日本の歴史について、ある程度知っているのではないかと期待することが間違っているのかもしれない。パラオ人というアイデンティティをベースにしながらも日本に対する愛情と誇りを持っているSに出会って、何世代経っても日本にアイデ

ンティファイすることを難しくさせる歴史的社会的条件に怒りを覚え
つつ、その置かれている「在日性」の状況に孤立感というか自己疎外
のようなものを感じた。

　旧南洋群島の「混血児」たちは、西洋的近代核家族の基準からする
と、日本にいる家族に捨てられたということになる。しかし、家族と
の行き来があってもなくても、「捨てられた」という意識や感覚もな
いのか、日本に対する積極的な思いがあるように見える。その感覚と
は対照的に、外国人嫌悪や排外主義の強い日本しか知らない日本生ま
れの「外国人」にとって、自らの一部をなす「日本」をめぐっての経
験、記憶を、積極的なものと受け留めるにはどのようなことが必要な
のだろうか。方法はともあれ、かなりの作業と努力が必要だ。

　個人の努力だけではどうすることもできないものがある。とりわけ
植民地の末裔にとっては、戦前の日本の朝鮮観が戦後も根強く残って
いるだけではなく、むしろ継続し積極的に生み出されているという問
題がある。このような変容しながら再生産される差別の存在は、日本
で生まれ育った者にとって、この地が自分の故郷とはいい難い得体の
知れない障壁を感じる。もちろん、そう感じさせる大きな要因は、植
民地支配の関係性が現在も続いているということだけではない。差別
社会とそれを支える意識は、被差別者に深い心の傷を残す場合が多々
ある。そして、それはPTSD的な心理状況を被抑圧者の心のどこか
に沈殿させ、被差別者自らが自分を守るために壁を厚くしている場合
もあるだろう。

　日本への帰属意識を支配─被支配という枠組みで考えないようにす
るためにはどうすればよいのだろうか。また、その枠組み以外にどの
ような語りが可能なのだろうか。言語化するにはとても繊細でなおか
つ複雑な事柄である。近代の帝国主義によってもたらされ、人の移動
によって生じる各々の帰属意識を二項対立的、征服─被征服や出身地
と移動先でのみ見るのではなく、広い意味での人類の移動と帰属意識
という枠組みで見る方法もありうる。

　この調査を通して、あらためて植民地朝鮮に住んだいわゆる在朝日本人の帰属意識と記憶について気になり始めた。倭館と称される日本人町が朝鮮に造られたのは江戸時代に遡る。その時代に朝鮮に住んだ日本人の帰属意識はどうだったのだろうか。藩？　それとも朝鮮？　あるいは日本人居住区？　だったのだろうか。この倭館が立ち並んでいた日本人居住地に、19世紀末から植民地期初期にかけて多くの日本人が移住した。当時、朝鮮だけではなく、満州や台湾などに移住した日本人にとって、かの地への思いやアイデンティティはどのような形で心の中に残っているのだろうか。まったく、追憶としてすら残ってはいないのだろうか。

　植民地朝鮮で生まれ育った作家小林勝は、朝鮮に対する罪責感からなのか、朝鮮を生まれ育った故郷として郷愁することが禁じられていると感じ、その苦悩を語っている。彼の研ぎ澄まされた感性から生まれる極めて深い問いかけは、加害国に属する自身に向き合うための出発点といえるだろう。彼は朝鮮を「故郷としてなつかしがってはいけない」というのだ[13]。小林とは逆の立場ともいえる日本生まれ日本育ちの「在日」出身者には、日本を故郷と主張できる歴史的正当性がある。しかし、筆者は、日本の朝鮮人に対する差別を内面化した後遺症とでもいうのだろうか、日本人の執拗な偏見と無意識の優越感と忌避に出くわすと、不快感と怒りを超えて心が疼き、日本を故郷として懐かしむことをはばかってしまう。

　旧南洋群島の「混血児」、帝国領土に移動して戦後「帰還者」とされた人々、宗主国に住む旧植民地出身者、帝国の野望とその崩壊の結果、帝国領土、人、文化に郷愁を持つ者も持たない者も、多様な人々が多様な苦悩を抱えて生きてきた。本章の最後に述べる同一人物への二回目の面談の内容もまた、帝国の矛盾が生み出した「悲しい」物語である。それを共有する前提として、次節では混血とは何なのかをま

13　原佑介『禁じられた郷愁──小林勝の戦後文学と朝鮮』新幹社、2019年。

ず考えてみたい。

「混血児」とは誰のことか

　帝国崩壊後に残された問題の一つである日本人とミクロネシア女性との「混血児」について述べてきた。この節では異なる角度から「混血」とは何を意味し、「混血児」とは誰のことなのか、また、国民国家の枠組みで議論されてきたアイデンティティやエスニシティ、ひいては筆者の属性でもある「在日性」とは何なのか、これまで述べてきたこととつなげて考えてみたい。

　英語で mixed-race や inter-marriage/race という用語で示される「混血」に対する受け止め方や状況は、日本とはかなり異なるハワイ社会について、まず少し触れておきたい。その理由は、ミクロネシアとハワイの緊密な関係があるからである。また、ハワイ社会の「人種混交」の多様な文脈を簡略に紹介することで、「混血」をめぐるネーミングやカテゴリー化そのものを問い直すためである。つまり、「混血」という言語もしかり、また、「混血児」へのまなざしも、日本ではその想定や前提が偏っているにもかかわらず、「混血」をめぐる諸言説が所与のものとして受け取られがちである。さらに、「混血」とは反対の“対語”として想定される「純血」が、あたかも生物学的に存在するかのような言説を無意識のうちに身体化して再生産していることもある。思い込みなどから出発する認識は我々の思考の限界の要因の一つになるのである。また、「混血」や「純血」がイデオロギー以外の何物でもないということを再認識するためにも、極々一面ではあるが、ハワイ社会を素描する意味はあるだろう。

　前述した米国との「自由連合盟約」という政治関係はミクロネシアから多くの人々をハワイに向かわせている。諸々の事由で移住した彼・彼女たちはハワイ社会でもっとも底辺の層にあり、一番見下されているグループだといわれている。典型的なステレオタイプがレイ

ジー（怠惰で）、働き方がスローというものだ。また、時間を守らない、エリートコースを目指すごく一部の人を除いて、子供の教育にも一生懸命でない、などと酷評されている。その中でも特にチューク出身の人々への差別偏見がひどいといわれている[14]。

　誰がこのようなステレオタイプを拡散させたのだろうか。その基準や規範は何なのだろうか。ハワイは日系一世たちのプランテーション時代の働き方や生活姿勢、つまり勤勉で質素で従順というある種、支配者の目から見た「モデルマイノリティ」の元祖とも思える神話的イメージが語り継がれており、それが一つの社会規範になっているからなのだろうか。あるいは資本主義的階層社会を維持するためには常にマイノリティを分裂させなければならず、そのため、他者をステレオタイプ化し、社会から排除し弱化させる構造悪ゆえに、そのような偏見が生まれるのだろうか。ステレオタイプ化はいうまでもなく、他者への文化的、歴史的背景に対する無知と無理解から生まれるものだが、究極的には他者への支配欲の発露である。

　ミクロネシアでは仕事につかなくても飢えることのない気候と食べ物（魚、タロイモ、パンの実、ココナッツなど）に恵まれている。恵まれた自然環境の中で半自給自足的生活文化で育った者にとっては、「先進国」に住む人々のようにあくせく働く必要はない。そのような背景を持った人たちがハワイ社会で求められる働き方や生活態度に同化することは容易ではないはずだ。断っておくが、ハワイ原住民の文化や価値観は、ここでいう「資本主義的」支配文化とはまったく別のものである。しかし、ハワイの日系をはじめアジア系移民や米国本土からの白人移民は、彼・彼女たちにホスト社会の規範に従うことを求め、その枠に合わないとレイジーなどとステレオタイプ化して見下すのだ。ミクロネシアから移住してきた人々は昨今問題にされている

14　2019年に元パラオ共和国の裁判長を務めた方へのインタビューだけではなく、筆者がフィールド調査をしている時に複数の人から聞いた話である。

Settler colonizer「入植植民者」ではないが、ハワイ原住民にとっても歓迎されない存在であるようだ。いうならば、ハワイの階層社会を維持するための分断と支配の駒になっているだけなのだ。

　ハワイ社会でハワイ原住民やミクロネシアの人々、そして他の新しい移民グループが構造的に階層化され差別される一方、そこに住む個々人の私生活「私的空間」では階層を越えて交わり混じり合っている。多様なエスニックグループ間での婚姻がその一つである。米国社会でハワイほどその mixed-race の家族関係が進んでいる例はないだろう。ハワイではハーフよりクォーターの方が多いといえる。さらに、一人で八つのエスニック背景を持つケースさえある。したがって、ハワイにおいては「混血」ミックスであることが、社会的個人的レベルでのマイノリティ化する負の側面としては位置づけ難い。例えば、ハワイはハワイアンにとって、自らの領土であるから当然のことではあるが、何分の1であれ、そのルーツが混ざっていることは誇りである。また、ハワイアンの立場からすれば、正当な政策ではなく不十分なものであるが、ハワイアンの混在率に従って、福祉的「恩恵」も与えられている。もちろん、これはハワイアンへの恒久的支配に対するリップサービスのようなものでしかない。ハワイ社会は経済的には白人や日本、アジア資本、政治的には日系が力を持っている。

　経済的、政治的に力のあるエスニックグループがどのように混ざっているかによって、当事者の心理的アイデンティティに何らかの影響が出ることは否めない。だが、ここで確認したいことは、ハワイ社会で「混血」であること、つまり、混ざっていることそのものが偏見や排除そして、差別をする対象にはならないのだ。このような社会状況の例は特殊であり、普遍的な「価値」や「基準」として他の文脈にあてはめられるかの是非はさておき、単一民族神話が戦後の産物である

という小熊の研究があるが、その「純粋」日本人という神話が根強[15]
い今の日本において、「混血／混血児」やそれと関係する「国際結婚」
という枠組みや意味がどう定義づけられるべきなのかを考える上で
も、ハワイ社会の「混血」状況を考察することには意味があるだろう。
　日本で、「混血」や「混血児」という言葉が「ハーフ」と呼ばれる
ようになったのは1970年代といわれている。そしてハーフと表象さ
れるのは西洋人との間に生まれた子どもたちである。この場合「混血
児」であっても比較的肯定的に捉えられている。しかし、その当事者
でさえ、日本という「純粋・血」イデオロギーの強い国では、疎外感
やアイデンティティの葛藤を経験している。「ハーフ」に対抗するか
のように、自らのアイデンティティを肯定的に捉えるために「ダブル」
という呼称も生まれた。これは社会的、戦略的な意味がなきにしもあ
らずだが、どちらもあたかも「純粋日本人」がいるかのような前提の
発想でしかない。日本では、どのような呼称であれ、制度的結婚を通
じて成立した「国際結婚」による「混血児」であれ、米兵との間に生
まれ、無国籍者になってしまった「混血児」であれ、その存在は独特
の否定的コノテーションを内包しているといえるのではないだろうか。
　日本帝国支配の結果、日本人とミクロネシア人の間に生まれた「混
血児」は、本章の事例からも明らかなように「国際結婚」という制度
による枠組みから生じたものではない。一方、日本に住む者たちは、
「国際結婚」といえば往々にして、日本人と白人とのケースを想定し
がちである。1985年に改正された国籍法により「国際結婚」によっ
て生まれた子供たちは、どちらの親の国籍でも選べるようになった。
それまでは、家父長的イデオロギーの残滓ともいえる血統主義により
父方の国籍だけが子に認められた。母方の国籍を選ぶことができるよ
うに国籍法が改正されたその背景には、日本人女性の白人との「国際

15　小熊英二『単一民族神話の起源——「日本人」の自画像の系譜』新曜社、
　　1995年参照。

結婚」の増加がある。また、沖縄で米国兵との間に生まれた「混血」
の子供たちが、父系主義のもとでは母親の日本国籍が取れず、父親の
認知も取れないことから無国籍になるケースが増え、社会問題にな
り、当事者たちの改正要求の声が拡がったからだともいわれている。¹⁶

　他方、法改正した 1980 年代には、いやそれ以前の 70 年代から旧植
民地の末裔と日本人との結婚が顕著に増え始めていた。その数は日本
人女性と白人男性との結婚より圧倒的に多かった。しかし、法改正を
促すに至る声として聞き取られず、「国際結婚」とも捉えられない不
可視化された存在だった。もちろん、この場合の声が聞き取られず不
可視化され、日本国籍を取らない他の理由として、被植民地子孫たち
の中で根強く残る家父長的価値観から父親の国籍だけが選択できるこ
とに違和感がなかったことや、「民族の誇り」を維持するためという
考えも一つの要因であっただろう。

　いずれにしろ日本社会で可視化された「混血児」を想起させるのは、
基地周辺で働く日本人女性と米兵、とりわけ黒人との間に生まれた子
供のことが多いといえよう。個々人が持つイメージと社会言語が生み
出すステレオタイプは、往々にして排除の論理として利用される。

　ハワイ社会であれ、日本社会であれ、一家族の中に多様なエスニッ
クグループが混在する位相は、一方で個人的な選択の次元で説明でき
うる。しかし他方では、その歴史的、政治的、社会的背景が結婚だけ
ではなく各々が生きていく選択肢の有無にまで影響している。した
がって、太平洋諸島における mixed-race、つまり「混血児」の存在
と個別の歴史的背景を考察することは、近代における日本の植民地主
義やその支配の多元的な側面と結果を知る方法でもあるだろう。ま
た、近代国民国家観——言語、国籍、血のイデオロギーによって構築
された「純粋性」観念を脱構築する一歩になるだろう。

16　野入直美「『日本型多文化共生社会』に沖縄は入っているか？ ——米軍統
　治下の沖縄における『混血児』調査の文脈を中心に」『異文化間教育』第 44 号、
　2016 年、47-64 頁。

性、民族そしてアイデンティティ

　前節で紹介したMさんの話を聞いた2013年の夏に、もう一人「日系」と自己紹介する人に出会った。Kanemoto（以下Kとする）といういわゆる日本式の苗字を自らのミドルネームとして使っていたチューク短期大学の学長だ。Kという名を聞き、調査旅行に参加していた在日韓国人の友人と筆者は、とっさにその名前はコリアンだと伝えた。しかし、当の本人はきょとんとして無反応であった。Kは母方のラストネームであるが、母親への尊敬の念からこの学長はミドルネームとして使っているという。母親の父、つまり、彼からすると母方の祖父が日本から来たこと以外は知らないといい、その事実から、日本人の「血」が混ざっており、クォーター日本人だというのだ。そして、筆者たちの問いに関しては、伯父ならそのルーツについて知っているだろうという。だが、伯父は米国本土のオレゴンに住んでいて今回は紹介できないというのだ。その時はあきらめたものの、それ以来ずっとKの家族背景について気になっていた。そして、ついにそのことが確認できる時が来た。

　2014年にこの学長を筆者の大学に招くためのメールのやりとりで、何度か「あなたの伯父に父親が韓国人なのかどうか確かめてほしい」と頼んだ。執拗に尋ねた理由は、筆者が在日韓国人であるからだけではない。太平洋戦争期に植民地朝鮮から多くの人々が戦時動員され、戦後、「日本人や沖縄人と同様、米国によって帰還させられていることを知っていたが、日本にいた朝鮮半島出身の人、つまり「在日」の存在については全く想定外であったため、非常に関心を持ったのである。

　日本から来ているから日本人と理解する彼らには、近代国民国家が作り出した恣意的な国境という考え方がないのだろうか。島から島へと流動する文化圏に住む人たちにとって「民族」という概念について考えることがないようだ。

　執拗とも思える筆者の知的好奇心によって、ついに、3度目の調査旅行であった2015年の夏、偶然にもチュークを訪れていたその伯父に会うことができた。結論を先取りするならば、Kの母と伯父はミクロネシア女性と日本から来たコリアンの「混血児」であった。だから、Kはクォーター日本人ではなく、クォーター朝鮮人「在日」だったのだ。

　伯父の容貌は甥っ子と違って東アジア系の風貌で、椅子に座っている姿勢と動作から頭の低い謙虚で柔和な人柄が読み取れた。同行していた韓国からの研究者は、その姿が、どこか懐かしさを感じる韓国の農夫を彷彿させる容貌だというのだ。そうかもしれないが、伯父は日本から渡ってきた朝鮮人の父親のしぐさに影響を受けるほど一緒に暮らした期間は長くない。ましてや記憶がほとんどない幼少期に別れており、父親の影響を受けたとは考えにくい。たとえその姿が韓国の農夫を想起させ、その姿と重なるものであったとしても、それは見る側の前知識、つまり先入観や読み取りたい部分を拾ってしまうという、無意識の解釈によるともいえる。

　Kという苗字の由来は、伯父の父親、つまりKの母方の祖父が植民地期の皇民化政策の一環であった創氏改名により、自ら創作した「日本式通名」をミクロネシアでも使っていたのだ。苗字の創作は、ほとんどが自らの朝鮮のものを守るために、出身地名や「本貫」という先祖の発祥地名などを使って創作される。このケースの場合は金という朝鮮の姓を残し、その下に一文字の漢字を加えて日本式にしていた。金の場合はかなりパターン化していて、ほとんどが、金の下に選び取った漢字を加え二文字にし、「日本的」なものに変えるのである。

　植民地期の政策に由来する日本式名の使用とは異なり、旧南洋群島の氏名のあり方はユニークである。日本人の父親の苗字を自らのファーストネームにしたり、ミドルネームにしたり、あるいはラストネームとして使ったりしている。これはいわゆる日系であることを示すためというよりはミクロネシアの慣習と関係している。ミクロネシ

アでは親のファーストネームをラストネームとして受け継いだり、その逆の場合もある。兄弟間で甥たちを養子にすることが珍しくないという風習や元来母系社会であることも影響して、東アジア的家父長制文化と違っている。言い換えれば、東アジア的に父親の苗字を代々家名として受け継いでいかなければならないということがないのである。

　このような文化的背景の中で甥Kは、前述したように、その日本式コリアンネームともいえる苗字をミドルネームとして使い、母親への誇りと敬意を示していた。伯父はKanemotoをラストネームとして使い、ファーストネームも父親から授けられた日本式の名のみで、現地チューク式の名前は持っていなかった。

　伯父は聖書と讃美歌をチューク語に訳した最初の人物で、ワシントンDCに住む在米韓国人の支援により、出版までしていた。このプロジェクトが可能になったのは、同じコリアンのルーツというネットワークによるのか、単に世界的に拡がるキリスト教のネットワークによるものか聞くことはできなかった。しかし、この時点で明らかだったのは、甥とは異なり、伯父は父親が日本から来ているが、日本人でなく韓国人であるということをしっかり受け止めていたことだった。そして、韓国の歴史を勉強したいとも言っていた。だが、この考えや感情をいわゆるエスニックアイデンティティの表出だと類型化し、即断することは適切ではない。そのことは後で詳述するが、5年後の2020年2月に二度目の聞き取りをした時に、自分はチューク人であると語っていたことからもそういえる。

　そもそも、エスニシティやアイデンティティという概念そのものの定義に対する共通認識は設定できない。普遍的なものとして前提にするのは困難であり危険ですらある。にもかかわらず、西洋的近代アカデミズムが実践してきた方法論の一つが、類型化して分析することなのである。その方法論がなければ、新しい問題を整理、把握できないことはわかる。しかし、近代的カテゴリー化は個人の多様な経験を無化し、結果として、人間の叡智や他者に対する理解と寛容性を狭めて

きたといえなくはないだろうか。近代の知のあり方の問題は変容しながらも現代人に面々と継続し影響している。例えば、家父長的な発想に基づいた観念としての「血統」、帝国主義、植民地主義によって策定された国境を前提にした空間としての生まれ育った「場」、時間としての出会いや経験、「言語と記憶」、法律としての「国籍」、などが一人のアイデンティティに及ぼす影響だ。そしてこれらの概念とその影響の考察は、類型化ではなく想像力を駆使した共有化から始めなければならない。とりわけ、個人の国家への帰属意識やいわゆるナショナリズムの有無などは、個人の意思という類型化されない精神性の次元のことであり、安直に類型化できないだろう。テッサ・モーリス＝スズキがいみじくも、「空間的に一時的に国家間に生じた境界は自然なものではなく、政治家、軍人、歴史家、地図製作者による結果なのだ」と指摘しているように。[17]

　さて、母方の祖父が日本という空間から来たから、自らを日本人と思う甥とは違い、チューク人であるが自らの Koreanness を「自然体」で受け止めている伯父 K の物語をもう少し述べていきたい。

　伯父の父は日本人でなく日本からきた韓国人であったことが 1 回目の面談の時に確認できたが、父親に関する記憶について詳しく聞くことはできなかったため、二回目のインタビューを申し入れた。

　カルフォルニアとの境界に近いオレゴン州に住んでいる彼と州都であるポートランドで 5 年ぶりに会った。その時にわかったのだが、彼はプロテスタント教会の牧師をしていた。初めて会った時に讃美歌と聖書を英語からチューク語に翻訳したと聞いていたが、なるほどだからなのかと納得した。2 日間に分けて聞き取りを行った。2 日目は若手牧師就任の按手式があるといって背広姿に身を包んでいた。その姿もまた狭い見方ではあるが、どこか東アジア系の人を彷彿させるもの

17　Tessa Morris-Suzuki, *Re-inventing Japan: Time, Space, Nation* Routledge, 1997.

だった。ひと昔前、博士課程の勉強をしていた時、日本人留学生がある韓国人について、『やっぱり年とともに、その容姿に朝鮮の出自が出てくる』とさらっとしかし、差別的なニュアンスを含む発言をしていて気分を害したことがあるが、とはいえ、やはり、筆者もステレオタイプ化しているのかもしれないが、この背広を身にまとった70歳中盤の彼が、韓国でよく見かける男性の姿に見えてならなかった。

　彼の父親は1930年代に日本からコプラ（椰子油）の貿易のためにチュークにやってきた。周知の通り、日本の植民地期、朝鮮人は日本国籍者として扱われていた。日本人というカテゴリーが国籍によってなされるのであれば、朝鮮半島出身の彼の父親も戦前日本から来たので、法的にも空間的にいっても、日本人という理解のされ方は可能だろう。だが、彼の父親は1951年のサンフランシスコ講和条約の締結と52年の発効に伴い日本国籍を喪失した、今でいう在日コリアンなのだ。日本にどういう経緯で渡ったのか知らないが、在日一世なのだ。朝鮮半島の最南端に位置する済州道から日本に渡った人だった。ミクロネシアに渡った際にはすでに日本に「在日」出身の妻子がいた。しかし、彼の母親と、重婚になるのか「妾」の関係であったのかはともかく、一緒に暮らし始めた。母親の兄の仲介で結ばれたというが、日本に家族がいたことを知ってのことかどうかはわからない。

　父親と母親の関係について聞き取りの調査の過程でいくつか驚かされたことがあった。例えば、彼の父親は日本にいる妻子をチュークに呼び寄せ、現地の家族、つまり、彼と母親を東京からやってきた家族と一緒に暮らさせたという。このようなケース、いわゆる重婚にあたるものは、植民地から植民地宗主国に留学や出稼ぎに行ったケースでよく聞く話である。植民地期だけではなく、日本の高度経済成長期の1970年代に韓国をはじめアジアの国々で「現地妻」という用語が拡がる程、日本人男性が単身赴任や出張先のそれらの国々で現地女性を囲っていたという例は多い。その場合は家族という概念や実態と結びつくことはなく、一種の「愛人」関係であった。それゆえか、当時、

買春観光反対と同時に私的な領域である「現地妻」の問題も日本のフェ
ミニストの間ではよく議論されていた。しかし、「アジア女性」とい
うくくりや、戦後の新植民地主義の形態による女性の身体への搾取と
いう認識のあり方は、太平洋諸島の女性の身体への帝国の爪痕の傷に
まで届いていなかった。

　伯父Kの物語に戻ろう。さらに驚かされた点は、戦後40年以上も
経って東京にいる彼のステップファミリーから父親の法事に招かれた
というのだ。戦後まもなくは、何度となく日本語による手紙のやり取
りをしていたが、そのうち音信不通になっていたのに、父親の死を知
らせる目的で呼ばれたという。しかし、彼の母親は招かれていなかっ
た。チュークで一緒に住みながら、そのうえ関係は良かったというに
もかかわらず、招かれたのは彼とその妻だけだった。家父長的、儒教
的な影響なのか彼の母親は無視されたようだ。

　二人の「妻」同士の関係は年齢の差からか良い関係だったという。
何歳差だったのかわからないが、伯父Kの母親が彼を妊娠したのは
13歳の時だということから、二人の女性の関係は母子あるいは姉妹
のような関係だったのではと想定できる。筆者はこの年齢を聞いた時
に驚きと同時に怒りを覚えた。当事者ではないので、この怒りは「余
計なお世話」だと思われるかもしれないが、さらに怒りを禁じ得な
かったのは、戦争が激化する状況の中で、父親はまず東京から呼び寄
せた妻や家族を先に日本に帰還させ、父親自身は戦後の1946年に
戻ったのだが、その時息子だけを連れて帰ろうとしたということだっ
た。その時点で彼の母親は二人目の子を産んだばかりで、「夫」に置
いて行かれたら、その後の生活が容易でないことは十分に想像しうる
ことだった。にもかかわらず、一緒に日本に行くという選択肢が与え
られていなかったのだ。もし、彼が娘であったなら、父親は日本に連
れて行くと言っただろうか。

　当時、4歳であった彼は、その母親と叔母が彼を日本に送るべきか
どうかという話をしているのを聞き、とても不安だった心の動きの記

憶を語ってくれた。その当時の母親を母親の家族たちが支え、それがなかったならば、「大変苦しかった生活状況は乗り越えられなかったと思う」と、実に物静かに柔らかい声で語ってくれたが、その口調の中に、歴史と男性中心主義に翻弄された彼と母親の人生の癒されることのない傷と悲哀とを見る思いだった。もちろん、そう思うのは筆者の傲慢な錯覚で、他者の心情を身勝手に解釈しているだけなのかもしれない。

　日本の植民地主義が彼の父親を朝鮮半島から日本、そして旧南洋群島チュークへと向かわせ、その結果、現地の少女ともいえる年齢の母親との関係を生み出したことを見る時、その支配の重層性の問題の具体的な歪みと痛みが見えてくる。だが、悲しい、辛くなる話だけではない。彼の語り口、その内容と考え方、そして体全体から現れる謙虚な態度に、多くの示唆と学びがあった。

　例えば、彼の日本式「通名」についてである。彼が東京でステップファミリーと再会した時、名前を金に変えるように言われたという。また、仕事で韓国を訪れた時にも彼の父親が韓国人であることがわかると、まったく他人である人から金に変えるのがいいのではと言われたといい、それについて不快感もなく聞き流したという。

　そして、彼はその日本式の「通名」を使うことにこだわった。理由を尋ねると、取り立てて変える必要性を感じない、ただ何となくだと答えた。この答えに唖然としながら、筆者を含め「在日」二世以降の者にとっての名前とアイデンティティを取り巻く現実を思い起こした。同化と排除を強いる日本社会で「本名」を使って生きることは困難だが、それを実践することは実存に関わることであり、自己肯定への解放の一歩になる。そのため、日本人に向けての「本名宣言」は自分らしく生きるために突破すべき一種の関門であるので、彼の答えは、「在日」がこだわってきたこととは何だったのかをあらためて考える格好の機会となった。翻って考えれば、親から与えられた名前を個人の嗜好で変更することはあったとしても、差別が理由で変えた

り、隠したりしなければならないのはおかしなことだ。しかし、日本社会ではそのように目に見えない強制がある。マイノリティにとって、当然と思われる権利を遂行できない社会は、病理的問題を抱えている社会であるといえる。彼の名前についての話を聞きながら、ある意味で「在日」がいかに不必要で、不条理なことで悩み、葛藤し、息苦しく生きているかあらためて痛感し、愕然とさせられた。

彼は米国本土での暮らしの方がはるかに長く、また彼の妻は白人米国人である。しかし、彼は米国籍を取らず、二重国籍を認めないミクロネシア連邦の国籍、パスポートを放棄せずにいる。それは国家に対する「忠誠」というより生まれ育った故郷に対する熱い思いからだということが彼の語りから伝わってきた。一方筆者は、夫と娘が米国籍であるため、移民排外がひどくなる今日でも、米国籍を比較的容易に取得できるが大韓民国籍である。米国籍を取らない理由は、日本が朝鮮人に強いた植民地主義に対する戦後責任の不在の象徴としてである。つまり、戦後、国籍の選択権を与えなかったことや、朝鮮半島、および朝鮮半島出身者に対する政策や態度が変わらない以上、大韓民国籍を持ち続けることで日本社会への抵抗の象徴としているのだ。また、記号としての「朝鮮籍」を残し「在日社会」の中で韓国籍と朝鮮籍とに区分し、分断している日本の戦後処理への無責任さの象徴として大韓民国籍所持にはそれなりの意味があると思っている。本来、国籍というのは個人のアイデンティティ形成に影響してはならないと同時に国籍が自らの Koreanness と何ら関係があってはならないだろう。だが、国籍や人種・民族、ジェンダーや階級などそれぞれが個人の生き方に影響することも否定できない。否定せず、その影響についてもう一度違う考えや意味づけをすることはできるし、すべきだということを彼との面談後に再確認させられた。

彼は日本式「通名」を唯一自分の名前とし、半分コリアンとして生まれ、故郷を愛し、晩年はチューク人として米国オレゴンではなくチュークに戻りたいと言い、朝鮮半島の歴史についてさらにもっと学

びたいと言う。彼に内在する Koreanness を介して多くのことを考え
させられた。インタビューの最後にふと彼がもらした「もし戦後父親
と一緒に日本に行っていたら私の人生は……」と言い切らなかった言
葉は深く胸に突き刺さった。

　ミクロネシア、日本、そして「在日」という三つの点をつなげなが
ら、日本帝国崩壊後の異なる空間での現在について述べてきた。読者
はこの論考を読みながら、迷子になっているかもしれない。具体的事
例を観念的な、しかし「在日」という具体的で実存的な問題意識から
考察しようとする方法のため、混乱が生じているかもしれない。情報
過多、思考が複雑に交差している本章が伝えたいことは一つである。
近代の負の遺産である不可視化されている現在のさまざまな問題を正
視するためには、諸々の概念、カテゴリー、そして、それぞれの思い
込みにふるいをかけ、帝国の爪跡を可視化することが必要なのであ
る。そのような論考になったかどうかは読者の想像力に委ねたい。

2 在日二世の「食」をめぐる記憶
焼肉と在日一世の食文化

「食」への思い

　日本のテレビで食に関する内容が出ない日はない。食べるために生きるのか、生きるために食べるのかわからなくなるほど、食についての番組が異常に多い。私は料理は下手だが味にはうるさい。在日一世であった母親の作る料理が美味しかったからだろう。一説によると美味しい食べ物は人間の欲求の70パーセントを満たすという。本当にそうだろうかと思わされる。確かに美味しい食べ物を親しい人たちと食べる一時は楽しい。しかし、私にとって食につながる記憶は楽しい面だけではない。在日朝鮮人／韓国人（以下在日）二世の私にとって、「食」とりわけ朝鮮料理については、差別と在日一世たちの生存（サバイバル）を賭けた苦難の歴史につながり、辛い記憶が呼び起こされることがあるのだ。また、在日一世がその苦難の歴史の中で創造した焼肉を代表とする食文化は、日本で、そして海外で、Teriyakiとならんで日本食の一部Yakinikuになってしまった感がある。在日固有の生活空間と経験から生まれた焼肉を含む食文化は、もはや「在日」の人々の歴史的存在そのものまでも摩滅させられてしまうのではないかと心許ない。そこで、ここでは「在日」の食文化についての記憶と経験をまとめ、それらのコンテキストを読み解くことで在日特有の食文化の背景にある生の現実を描き、一つの社会史的テキストを残そうと思う。

在日の食（焼肉）文化の位置

　何年前だっただろうか、ゼミ生たちと大阪の十三駅界隈にある焼肉
店に行くことになった。学生の一人が「先生、日本式の焼肉にします
か、韓国式の焼肉にしますか、どちらの店を探しましょうか？」と尋
ねてきた。一瞬、何のことを尋ねているのかわからなかった。なぜな
ら、日本でそれも関西で焼肉といえば、在日一世たちが開発した、下
味を付けた肉を焼きながら、つけダレをつけて食べる焼肉しか思いつ
かない。だから、焼肉といえば、在日朝鮮人の食文化の代表的なもの
であり、「在日」は日本における焼肉産業の元祖なのだ。

　結局行った焼肉屋は、日本企業チェーン店の焼肉屋だった。味は微
妙に違っているが、様式はまったく「在日」が生んだ焼肉である。こ
れが学生のいう日本式焼肉であるらしいことがわかった。学生たち
に、焼肉は在日朝鮮人の生活と結びついた「在日」オリジナルの料理
であり、日本の食文化から生まれたものではないと、受け止めように
よっては偏狭でナショナリスティックとも聞こえる説明をした。この
学生たちの認識の誤りは、焼肉が日本人の中で大衆化されたからとい
うよりは、そもそも「在日」の存在が見えていないからだろう。極論
に聞こえるかもしれないが、出会ったこともないのに、差別の対象と
しての朝鮮人という存在や表象が日本人の心と頭の中にある。しか
し、「在日」が存在するようになった歴史的経緯などはもちろんのこ
と、ホルモンを含めた焼肉文化が在日一世の固有の生活史から生まれ
た食文化であることなど知らない。日本の食文化と勘違いし、認識さ
れているのが現実である。学生のいう韓国式というものがどのような
もので、どこから来ているのかを聞くことはしなかった。おそらく韓
国からの「新移民」の人たちによる焼肉店のことだろう。

　韓国語のプル（火／焚火）コギ（肉）を焼肉と訳しているが、この
プルコギは「在日」の焼肉とは食用の牛の部位も違い、料理法も食べ
方も異なる。また、韓国や在米韓国人のレストランで出される焼肉と

はカルビやロースが主で、ハラミや塩タンなどはなく、焼きながら食べるがつけダレもない。韓国での肉食は古来からあるようだが、牛肉を使った「在日」の焼肉文化は戦後韓国に逆輸入されたといわれている。しかし、焼肉のカテゴリーの中にホルモン焼きは含まれていない。韓国の人は一般的にホルモンを好まないが、最近では若者の間でホルモンを辛くして鉄板で焼き、お酒のつまみとして食べるのが流行っているという。日本料理ほど醤油を多用しない韓国の食文化の中で、焼肉はつけダレもなく（場所によって提供するところもある）、ホルモン焼きを含まない食文化となった。韓国にいる人たちも、焼肉とそれに関連する食文化が、植民地主義の結果として生み出された民族的社会集団である「在日」が本国とは異なる社会的文脈で発展させたものであることを知らず、韓国での焼肉の今の形が「在日」の焼肉に由来しているとは認識していないだろう。

　今や赤身よりも高くなったホルモン（内臓物）は、かつて日本人は食べないものだった。それを一世たちが食材として使い始めて生まれたのがホルモン焼きである。ホルモン焼きの命名は、栄養価値の高い蔵物に体を調整する物質「ホルモン」の名をあてたとも、大阪弁の「ほる（捨てる）物」から来ているともいわれている。どちらが正しい語源なのかわからないが、在日社会では、一世たちが生活苦の中から無用で「ほる物」を有用なホルモンとして生かした、一世の創造性を象徴するものとして、ホルモンの語源が受け止められ語り継がれている。

　ホルモンを利用した料理は焼肉に限らない。「在日」が好むテッチャン（大腸）鍋もその一つだ。この味付けとはまったく違うが、居酒屋などでも提供されるもつ鍋のルーツも、在日一世たちがホルモンを食用としていたところにある。植民地時代に韓国から入った明太子は福岡の名産品になり、そしてもつ鍋は福岡の郷土料理になった。福岡は、強制徴用で来日し、戦後もそのまま住み続けた朝鮮人が多い一大都市である。そのことがもつ鍋を生んだのだ。

　私の担当する学生たちが、この捨てられた物が食材となってホルモ

ン焼きが生まれたという秘話や、在日一世の苦難の歴史をどの程度理
解しているのかはわからない。しかし、このホルモン焼きが日本人の
間でも受容され人気の高い料理となっているのには、日本社会の変化
も現している。その変化が嗜好の次元に留まらないならば、在日一世
の苦難の歴史の可視化につながる。そのためには「在日」の次世代は
もちろん、日本人の次世代による歴史認識と継承のための営為が求め
られるだろう。その営為の一つとして在日一世の食に関係する物語を
私の記憶から書いてみよう。

焼肉を生み出した社会的コンテキスト
—— 母親にとっての料理と朝鮮市場

　私の母の世代から存在した朝鮮市場は、今では大阪コリアンタウ
ン、正式名称は御幸森通商店街として多くの人に知られるようになっ
た。

　このコリアンタウンのある生野区で人生の大半（70年以上）を過
ごした母は、今から思えば、この朝鮮市場が一時の気分転換あるいは
憩いの場であったのかもしれない。

　父は、私が生まれる前に隣家の火災が原因で大火傷をした。一命を
とりとめたものの、その後は後遺症などに苦しめられ、自宅療養や入
退院を繰り返し、普通に働くことができなかった。朝鮮人は国民健康
保健に入れない時代で、その医療費ですべての財産を失っただけでな
く、大きな借金までも母親の肩にのしかかった。この事故が起こるま
では父親の事業は順調に進み、身に付ける装飾品など、夫婦揃ってお
洒落な家族と町内で言われるほど、余裕のある暮らしをしていた時期
があったと、両親と親しくしていた日本人の隣人が話してくれたこと
がある。

　母は無修学だったが記憶力に優れていて、私の姉が手術をするま
で、得意先、親戚、知人、家族等の電話番号を何十か所も記憶してい

た。夫（父親）が大火傷をし、とりわけ後遺症のため入退院を繰り返すようになってからは、父を頼ることができなくなり、何かにつけ頼るようになった娘（私の姉）の12時間にも及ぶ大手術は、母親にとって大変な衝撃だった。その衝撃のせいか、母は記憶していた電話番号をほとんどすべて忘れてしまい、思い出せなくなった。文字を書くことができない母親は、自分なりの踊るような数字で書いた電話帳を使うようになる。

　貧困という逆境がそうさせるのか、母親は創意工夫の力にたけていた。生活の知恵とはこのようなことを指すのかとよく感心させられた。控えめでありながらも気丈夫な女性で「気品や優しさのある人」と形容できるほど、他人に対してはいつも心穏やかに接し、背の高いチマ・チョゴリのよく似合う見栄えのする人だった。一方で、自尊心が強く負けず嫌いの面もあった母親は、借金返済と家族を養わなければならないという重圧の中で、1日中休む間もないほどに働いた。朝早くから夜12時近くまで家内のウエルダー（ビニールを溶接する機械）で下請け仕事をし、さらに仕事の合間合間にまだ学齢期の私たちのための家事全般をこなしていた。

　両親は韓国最南端の済州道から1930年代に日本にやってきた。生野に定住するようになったのは戦後間もない頃だった。我が家は、レンズ研磨産業で栄えていた生野区の田島地区にあり、戦前は労働者を済州道から呼び寄せていたと近所のおじさんが話していた。田島地区は、田島小学校を間に挟む形で猪飼野地区と隣接している。今多くの人で賑わう御幸森のコリアンタウンは自転車で10分くらい、鶴橋は20分以上の距離にある。余談だが、私が大阪に住んでいるというと、同僚たちはすぐに鶴橋と関連する話をしてくる。マンハッタンに住んでいる黒人がみんなハーレムに住んでいると思い込むのとどこか似たところがある。

　一個作って何銭か何円かの工賃しか稼げない家内零細工業、工業といっても住居の一室を使っての家内工業では、一つでも多くの生産を

することが収入の額を左右する。そのため時間との勝負になる。にも
かかわらず、母は数分でいける近くの公設市場での買い物以外に、朝
鮮市場にも時折出かけていた。韓国料理に必要な食材が朝鮮市場でし
かなかったこともあるが、それ以外の理由もあったのだろう。当時の
一世のそれも女性たちにとって気晴らしできるような娯楽などなく、
あってもなくてもそれを楽しむことが許されなかった母にとって、朝
鮮市場に行くことで気分転換をしていたのかもしれない。

　済州道出身者の多いこの地域で、一世たちは済州道ですら使われな
くなった方言を使っていた。近代の「国民化＝標準語化」の強制を免
れたマイノリティ一世の貴重なレガシーだ。日本語が達者な母では
あったが、買い物のやり取りの中で同胞女性を相手に故郷の言葉を使
うことができるのは、他の慌ただしい日常の世界では経験することの
できない、ほっとする空間と時間になっていたのだろう。また、昔
は、朝鮮市場の界隈に行くと、路上で済州道からの直送だという海鮮
類を売る海女と思われるおばさんたちがいた。生まれ故郷の食材に対
するこだわりだけでなく、彼女たちとの短い会話の時間が、故郷を遠
く離れ、タヒャンサリ（他郷暮らし）の苦しい現実、つまり異郷で生
活していることを忘れさせてくれたのだろう。

　カルフォルニア大学にいる友人が、中国東北地域のいわゆる「朝鮮
族」の人々の韓国への出稼ぎについての本を出版した。その本の１章
で、諸々の事情で故郷に帰れなくなった「朝鮮族」の人々が、限られ
た韓国での生活の中で「楽」を見出す姿を描いたと話していた。この
「楽」という概念から母親の行動を思い起こすと、熱心なクリスチャ
ンであった母に唯一許された癒しであり、安らぎであり、慰めであっ
た韓国教会での同胞信徒や牧師との交わりの一時以外に、仕事の合間
の寸暇を利用して故郷の食材、そして同郷人を求めて朝鮮市場に自転
車で駆けていくことは、家内零細労働に明け暮れる中での「楽」であっ
たのではないかと思う。つまり「楽」とは自分に降りかかった苦しい
現実の中で、自らが探し出して新しいエネルギーを得る場であり、そ

して自らをエンパワーメントし、持続させる瞬間の場でもある。

　母は根っから料理が好きだったようだ。愛する家族に少しでも美味しいものを食べさせたいという思いもあっただろう、母の料理に対する工夫と知恵によく感心したものだ。母は健康に良いといってほとんどの料理に胡麻油と、フライパンで丁寧に煎ってすり鉢ですった、安くて香ばしい胡麻をふんだんに使っていた。その香ばしさからか、私のお弁当に入っていた卵焼きを自分のと交換してくれという日本人の級友もいた。胡麻油だけではなく、陰陽の哲学は知らないはずなのに、健康に良いとされる体の温冷のバランスを保つ食材についてもよく知っていた。

　「在日」の食と健康に関する興味深い論文がある。その論文は1936年に大阪泉州地区樽井村の「朝鮮まち」を対象にした衛生調査についてである。大阪府警察部の衛生技師がその地区の実態調査をした。その報告書によると、経済的水準は日本人と格段の差がある朝鮮人の健康状態の方が良好だったとしている。その理由として、①胡麻油を利用して栄養と熱量を接収し味を良くしていること。②米の研ぎ汁の再利用を通じてビタミン類を補っていること、③半焼き／浅く煮るという調理方法にあることを挙げている。私の母親はその地域に住んだことがなく知人もいない。しかし、驚くことにこの3つを実践していた。

　胡麻油を常用し、米の研ぎ汁はキムチを漬ける薬味に入れ、とろみの必要な料理にも使っていた。そして、時には植木にも与えていた。半焼き・半熟についてもそうだ。喫茶店をしていた兄の店で出すモーニングサービスの卵を茹で過ぎないようにと、毎日気を配っていた。両親を幼い時に亡くした母親がいったいどこからこのような知恵・情報を得ていたのか不思議に思う。韓国では、チゲは煮れば煮るほど美

味しくなるといわれ、よく男女関係のあり方の象徴にも使われてきた。では、在日一世はこの半焼き／浅く煮るをどこで会得したのだろうか。長く煮る方がよいとされるチゲとは対照的である。その理由からではないだろうが、在日一世の家庭料理にはチゲがほとんど出てこない。汁物とごはんとキムチ、そしておかず一品が基本であった。スープの方が量があり、満腹感も得られやすく、たくさんの人が食べられるからだったのだろうか。あるいは、専業主婦などやっていられない在日一世にとってチゲよりスープの方が手っ取り早く作れるおかずだったのでは、とも思う。

　母親は貧しい質素な食卓を豊かにするために、彩りにも気を配った。色と香ばしさを加えるために干し小エビをすりつぶしてキムチに入れたり、ホウレン草の色と食感、そして、栄養素を逃さないようゆで方にもうるさかった。晩年、生活が少し楽になってからは、果物などを入れた焼肉用のだし醤油を作ったりしていた。教会から野外礼拝で近郊に行くと、ヨモギ摘みをとても楽しみ、持ち帰ったヨモギをすぐその日に洗い調え、餅を作った。セリやわらびなど、草むらの中にあって食材になるものは故郷の生活を思い出すのか、その採取をする姿は本当に楽しそうであった。韓国料理とは縁のない新しい食材にも挑戦していた。ある日、近所の友達が我が家の台所にカリフラワーがあるのを見て驚いていた。彼女の母親も一世だが、そんな珍しい食材などとても買おうとしないというのだ。こうしたことが母親の個性から来ているのか、一世の女性たちが何歳の時に日本に来たのかで傾向が違うのか、そこはよくわからない。しかし、寝ている時間以外の大半を家内労働で過ごしている者が、よくそこまでこだわって丁寧に料理していたものだと思う。料理はクリエイティブな作業なので、単純で再生産労働の機械労働よりはましだったのかなとも思う。

　匂いに敏感な母は、安い食材の臭みを取るためにあの手この手で工夫をしてその匂いを消していた。例えば、ホルモン焼きの中で人気のテッチャン（大腸）は小麦粉で良く揉むことや、上の兄が好きな料理

では、牛肉の代わりのたんぱく源である安価な鯨を、ニンニクや生姜で臭みをうまく抜いて焼肉のように調理していた。また、一昔前は生野区でも食べさせる店が何軒もあった補身湯(犬肉のスープ)を作るために、一生懸命臭み取りの下作業をしていた。ポシンタンは疲労回復、栄養補給と口内炎などに良いといって時折家で作っていた。今でこそ食べたくない、いや、さすがに犬を想像して食べられない。しかし、幼い頃は母親の味付けと、食べる直前に入れる薬味がさらに嫌な臭いを消してくれたため、美味しく食べることができた。牛のテールスープによく似ていたこともあり、一世たちは子供たちをそのように偽って食べさせた。肉の種類はともあれ、ポシンタンの味の記憶は今だに私の舌に残っている。しかし、私はそれが犬の肉であることをひょんなことから知っていた。自転車の後ろに屠殺処理された犬肉の入った竹籠を乗せ、西成区から定期的に売りに来る業者のおじさんがいた。ある日、母親が肉を選定しているその傍で、鮮血が付いたままの犬の骨格と思われる部位と肉を見た記憶が鮮明に残っている。しかし、なぜかその鮮血にまみれた犬の肉と母親が作ったスープとはつながらないのだ。母親の料理の腕が良かったからなのか。人間とは美味しい味(舌)をまず覚えてしまうと、食材の原型イメージ(目)は気にならなくなるのかもしれない。70年代にはまだポシンタン専門の店も何軒かあり、友人たちが犬肉だと伝えずにポシンタンを日本人に食べさせたことがある。びっくりした表情をしていたが、食べ終えた感想は美味しかったという。米国人やイギリス人の友人の中には、生野に来るとこのスープを喜んで食べていた人たちがいた。「野蛮な朝鮮人」だから食べる「犬肉」という差別的な偏見や意識は、その西洋の友人たちにはない。それも理由の一つだが、食べることとなるとやはり舌と目の感覚が、同一物でも違うように感じられるといえるのだろう。そして、そう思えるもう一つの記憶がある。

　2017年に米国で出版された『Pachinko』(在日四世代にわたる小説)の中で、子豚が市街地をうろうろする箇所があるらしく、ドラマ化に

向けたスクリプトのチェックを頼まれた UCLA にいる友人が、確認
の電話をかけてきた。現在はないが、生野区には60年代まで市街地
に豚小屋があったので、その情景描写はありうると答えた。

　当時、我が家から歩いて数分のところに、住まいと一緒になってい
る小さな養豚場があった。ある日その方向を何となく見ていると、大
きな豚がその家の軒先に吊り上げられ棍棒でたたき殺されているのを
見た。その光景は今も鮮明に頭の中に焼き付いている。しかし、それ
が原因で豚肉を食べられないということはない。

　世代が下がっても「在日」の家族で守られている祭祀、法事、追悼
礼拝などの場で必須アイテムの食べ物が、蒸し豚である。蒸し豚も小
売店によって味が違う。でも私にとってはつけダレのチョジャン（ニ
ンニクなどの入った酢味噌）の味が一番重要だ。済州道出身の人は甘
いのを好み、チョジャンに砂糖とオレンジソーダやコーラを入れ、味
噌やコチュジャンを伸ばしていた。もちろん私は、蒸し豚を食べるた
びにあの時の光景を思い出すようなことはない。人によってはその光
景を見たとたん、それ以降は豚肉を食べられなくなる人もいるだろう
が。私は食材の原型に対する先入観や、偏見や、○○人の料理だから
という排他的な固定観念を持たなければ、舌で味わったものが勝つと
思う。つまり、見慣れない食材だけではなく、出来上がった料理に対
しても社会的偏見を捨てることで、私たちはより豊かな食文化に出会
うことができるということである。ある意味でそのことを教えてくれ
たのが、私の母であり、その世代の在日一世の女性たちだといえる。
そして、差別と貧困から生き抜くための食文化における在日一世の知
恵は、次世代にも受け継がれているのだ。

継承され進化する在日の味 ── 一世から二世そしてさらに

　私の友人に韓国レストランを経営している女性がいる。彼女は自分
のイメージの韓国料理を提供したいということで、その経営に臨ん

だ。差別的なイメージと結びついた面もある焼肉屋のイメージを払拭し一新する思いで、食器、盛り付け方、店内のインテリア、そしてスタッフのマナーにまで気配りを怠らなかった。

　長い間、厨房長は日本人だったが、現在は三世となる息子に変わった。経営にあたり、韓国のソウル江南地区（新興富裕層の住む街）のレストランに足を運んだりしていた。その探索がどのような形で料理の味に反映されているのかわからないが、韓国から訪れる人たちの中には、これは韓国料理ではないと言う人もいるという。味なのか洋食のような盛り付け方がそう言わせたのか、わからない。その味のベースは在日一世たちの料理に近い。では在日一世たちの料理は韓国料理でないというのだろうか。もちろん韓国料理の一つだ。一世たちは、自分の舌で覚えた故郷の味を日本で調達できる食材や調味料で創意工夫し、「朝鮮の味」を作った。それが継承されてきたのが今日の「在日」の料理である。ある集団が受け継いでいく食文化の結果だ。その例を共有しよう。

　ある日、東京に住む在日二世の友人をこのお店に連れていった。この友人の母親は、横浜で子供たちと焼肉屋を開いていた。注文したユック（肉）ケジャンスープを食べた友人は、「うちのオモニの店で出していたタック（鶏）ケジャンスープと同じ味がする」と嬉しそうに声を上げた。牛肉と鶏肉の違いがあるのに、料理方法や調味料以外にも「在日」の味を出す共通のものがおそらくあるからだろう。また、東京にいる大阪出身の友人の家で食べた大根の入った牛肉のスープも、私の母親が作るものと同じ懐かしい味がした。一方、韓国で食べる韓国料理は、家庭でもレストランでもそれぞれの味にかなり違いがある。ところが、在日一世たちの料理と、またそれを継承した二世たちの料理には、上手下手の差はあっても基礎的な味わいに共通するものがある。日本製の調味料や日本の風土で育まれた食材以外に、何が共通の味を生むのかはわからない。一つ考えられるのは共同体社会が狭いということや情のかけ方、そして、被抑圧者集団の共通の経験か

ら生まれる距離のない関係性のあり方など、文化的な面においても共食する機会が多いことも考えられる。そして、その共食の機会はマイノリティにとって情報交換の場であり、社会資源の一つになっているといえる。つまり、親族が集まる冠婚葬祭の場での家庭料理の共食、友人宅での家庭料理の共食、宗教団体や民族団体での共食など、食を共にする機会が多いことから、在日一世の味を共通に味わう生活空間が生み出されたのではないだろうか。そしてその共通の「一世の基礎味」は、日韓の各々の食文化を積極的に受け入れることでさらに進化する。その具体的な例を、在日二世と韓国からの新一世の手料理に見ることができる。

　私の姉の義母は日本人で義父は韓国人である。その義母から日本料理をしっかり教えられたため、姉が作る小芋の煮つけは絶品だ。山菜の好きな義兄は、日本にない山菜を韓国から買ってくるととりわけ喜ぶのだが、その下準備は大変である。姉は時間と手間をかけてその乾ききった山菜を味付けするのだが、その味は母親から伝授された「在日」の味だ。義兄の好きなシレギック（干した大根の葉のスープ）を作る時には、乾燥した葉をお米の研ぎ汁で茹でると柔らかくなると母親から伝授されたと姉は言い、それを実践している。それ以外にも母親の味だと思わせるのがミッパンチャン（惣菜）で、その中でもわらびとセリの和え物などだ。私はその味を、山口県にある民宿で味わった。10人ぐらいしか住んでいない小さな島にある民宿は、テレビでも放映された。宿屋の主人が直接釣った刺身は絶品だが、韓国から20年前に来た女将が作る惣菜がとっても美味しかった。小鉢に日本料理ふうに盛り付けられ、一見すると日本料理だ。ところが微妙に韓国料理では、と思わせる味がする。ニンニクが入っているかどうかということではない。姉が作った山菜を含んだナムル（惣菜の一種）と、この民宿の女将が作る惣菜の味がとても似ている。単に日本製の調味料を使っているからではないと思う。韓国の調味料も場合によっては使っているだろう。共通の味は調味料の問題ではない。姉が在日一世

の母から継承した味、韓国人と結婚した日本人の義母から伝授された
もの、そして、在日歴20年という民宿の女将のそれぞれの日本とい
う風土、そして配偶者との国境を越える生活空間、その中で育んでき
た舌の経験が、共通の味を生んでいるような気がする。国境を越え与
えられた条件の中で作り出す創作料理、それが在日一世たちの食文化
における知恵のレガシーだと思う。それはおそらく誰が食べても美味
しいと思える普遍的な味になるのだろう。たとえ、それがフュージョ
ン（融合）であっても、それこそが継承される「在日」の韓国料理の
味なのだ。

3 在日二世の「食」への思い
食文化と差別そして韓流

食文化と差別

　JR鶴橋駅から南東に15分程歩くと大阪コリアンタウンがある。東京新大久保のコリアンタウンと共に、近年はこの地域についての調査報告や研究論文まで出るほど、その認知度は高くなった。

　私がこの地域で社会活動をしていた1970年代、朝鮮市場の裏路地は、ヘップ（女性用サンダル）作りの孫請け家内零細工業を行う家がひしめき合っていた。細い路地を挟んでそういう長屋の住居が密集した場所柄、ヘップ製造に使うシンナーの匂い、お好み焼きやホルモン焼き店からの匂いが渾然一体となった一種独特の生活文化が漂う空間だった。かつて、朝鮮市場界隈を含む猪飼野は、朝鮮人が集住するまるでゲットーのような怖い場所として、日本人には無縁な所だと受け止められてきた。それが近年の日本社会や日本人の韓国文化への表層的な関心の高まりもあって、多くの日本人や観光客が物見遊山でやってくる「観光スポット」となっている。この変化が望ましい面を持つのは確かだ。しかし、私のような世代の「在日」にとっては、朝鮮市場は親の記憶と結びついているにもかかわらず、個人の記憶は伝承しにくい性質を持つため、近年の朝鮮市場のコリアンタウンとしての賑わいが、一世の生活史の記憶を忘却の彼方に押しやってしまう面もあるように感じられる。

　今の朝鮮市場の変容のきっかけは、1980年代後半からの地元商店街の町おこしと共に、世代交代した「在日」による文化継承と多文化

共生運動とが相まって活性化し始めたことによる。だが、観光スポットになるほどまでの繁栄ぶりは、やはり韓流の影響が大きい。日本での韓流ブームは、一過性の現象で時間の経過とともに鎮静化していくだろうという声を、韓国でも在日社会でもよく耳にした。ところが、その予測はことコリアンタウンに関する限り、まったく外れたといえる。K－ドラマファンに始まり、K－ポップの若者ファン層も加わり、数の増加だけではなく見た目には多様な層の人たちが訪れるようになった。韓流が日本人の間で韓国に対する関心を高め、その流れの中で、このコリアンタウンを対外的にアピールするきっかけになったとするならば、ブームを持続させる要因は何といっても食べ物だろう。

　韓国の食材から料理までその味に親しんだ人は、「エスニックフード」のジャンルの一つというより、個人の好みの一品に加えるようになったのだと思える。ある調査によると、コリアンタウンを訪れる人たちの中にはリピーターが多く、その目的の上位にあるのが同地での飲食である。朝鮮人はニンニク臭いと言われ、ニンニクを料理に多用する朝鮮人が蔑みの対象であった時代がかつて存在した。思春期にニンニク臭いと蔑まれた経験もある私から言わせれば、隔世の感がある。

　朝鮮人差別の理由にはさまざまなレベルがある。個人的なレベルでは、日本人には馴染みのない「在日」の食文化に関連するものがある。ニンニクを多用しない日本料理が発する匂いには刺激的なものは少ない。そういう意味で朝鮮料理は対極的である。「エスニックフード」が流行し尊重されるようになると、食材や料理の匂いと「民族性」が結び付けられて排除されることは減ってくるようだ。

　戦後長い期間、朝鮮人に対して用いられた差別用語の一つは、「ニンニク臭い」であった。例えば餃子にもニンニクが用いられるが、そ

1　矢野淳士・湯山篤・全泓奎「生野コリアタウン活性化に向けた実態調査報告——コリアタウン訪問者の商店街利用とニーズに関する調査から」『都市と社会』第4号、2020年、88-110頁。

のことでもって中国人に向かってニンニク臭いという使われ方はしない。同じ食材であるニンニクの匂いにまつわる使われ方が朝鮮人と中国人で異なるのは、植民地にされた朝鮮人と台湾はともかく、日本の植民地支配を免れた中国の歴史の違いによる面があるからなのだろうか。

　ニンニク臭いと小馬鹿にされたような経験を持つ「在日」は多いはずだ。私は高校生の時に、ニンニク臭いと同級生から揶揄され、とっさにギョーザを食べて来たからと答えてしまったことがある。今から思うと考えられないのだが、そのように私が言った理由は何だったのだろうか。差別的な発言や態度を避けるためのその場しのぎの言い訳だったのだろうか。偏見の対象として長くその状況を見たり経験したりしていたために、無意識の内に傷つきたくないという意識が蓄積され、一種の防衛反応として現れたのだろうか。差別の重層性の問題といえる差別を内面化した結果の表出であったのだろうか。差別される側の内面化の問題以上に問題なのは、なぜ日本人が朝鮮人に面と向かってニンニク臭いと馬鹿にしたように言えるのかである。朝鮮人が日本人に向かって「ぬかみそくさい」とか、衣服にしみ込んだ線香の匂いが臭いと、直接面と向かって排他的な物言いをすることはない。

　このような朝鮮人差別が普通のことであった70年代、画期的というか「在日」にとって嬉しくなるような商品が発売された。モランボンの「焼肉のたれジャン」だ。焼肉産業の歴史によると、焼肉産業は戦後まもなく、50年代初めに在日一世が始めたとされており、60年代の高度成長期に肉食への嗜好が高まり、無煙ガスコンロがレストランで普及すると、焼肉外食産業が一気に躍進した。[2] そういう流れの中で、家庭でも焼肉を味わいたい人たちが徐々に増えていったという。そのタイミングでのモランボンのジャンの登場は商業的に成功を

2　韓載香「ビジネスとしてのエスニック・レストランとは──焼肉店の歴史分析への視座」『東洋文化』（東京大学東洋文化研究所紀要）100号、2020年、175-204頁。

収め、今日ではスーパーの人気商品の一つとして定着している。モランボンという朝鮮半島北部の地名を使った会社名とジャン（味噌や醤油などの名称に使う醤）という商品名での販売戦略は、画期的なものだった。また、個性派俳優の米倉斉加年（まさかね）を登用したTVコマーシャルも強烈な印象を残した。当時、今日でもそうだが、「在日」の朝鮮人俳優でも日本名を名乗り民族性を隠した中にあって、日本人の米倉が朝鮮のイメージと結びついた焼肉のたれの宣伝を引き受けたことは、時代の変化を如実に現したものであった。米倉自身は、俳優が政治に対してほとんど物を言わない日本の芸能界にあって、当時の韓国の民主化運動に連帯を表明した人でもあった。しかし、米倉はそのせいかどうかはともかく、そのジャンのテレビコマーシャルの出演により相当なバッシングを受けたといわれている。

　このように食にまつわる差別の記憶を前にして、現今の韓流ブームの隆盛には目を見張る思いだ。韓流ブームは、日本人が朝鮮や「在日」に対して持つネガティブなイメージをある程度払拭させた。パスタを食べてきたといえるのと同じようにキムチチゲを食べてきたといえる日本人の増加をもたらしたかもしれない。しかし、間接的というのがふさわしいかどうかわからないが、「在日」という存在そのものを無視し、不可視化するという問題は継続して残っている。

食文化をめぐる不可視化の問題

　コリアンタウンの盛況ぶりとは裏腹に、まだまだ「在日」はヘイトスピーチやうっ憤晴らしなどの対象として利用される存在だ。差別の対象としては可視化され、「在日」が創造してきた食文化においては日本風や日本式の料理として吸収され不可視化され続けているのも、「在日」を取り巻く現実だ。

　日本社会において「在日」の存在はもとより、食文化でさえ不可視化あるいは日本に同化吸収されてしまう例を挙げてみよう。米国生ま

れの「吉田ソース」という商品である。発案し起業した社長は京都出身の在日二世で、青年期に渡米した。苦境に直面した時に、お世話になった知人へのお礼として作った自作の創作ソースが評判となり、その後起業した。そのソースは、焼肉屋をしていた在日一世の母親の味から考案し開発したバーベキューソースである。Costco（食品、日用品の会員制量販店）を流通網に米国の市場に向けて「Mr. Yoshida's sauce Original Gourmet」として売り出し、大成功を収めた。今や、海外で成功した「日本の実業家」として紹介され、知られている人だ。

　その吉田社長は、米国や日本における公の場での自己紹介をどのようにしているのか知らない。いくつかの日本の新聞記事で、「在日韓国人の家庭で育った」、「両親は在日韓国人」とさらりと書かれているが、本人が在日韓国人二世として紹介されてはいない。国籍イコール〇〇人と直結して認識する日本で、彼の国籍が米国籍、あるいは帰化して日本籍だからなのか、このような説明の仕方をしている。いや、どうも国籍に依っているとは思われない。

　『エコノミスト』（2010/4/13）に掲載された記事の見出しに、「イチローより有名な日本人」とある。当事者が自らをどのように規定するのかは個人の自由である。問題は取材する側の意識と態度と意図だ。日系〇〇人はその人の国籍如何にかかわらず、日系として紹介される。なぜ「在日」の出自は隠す、あるいはあいまいにしてスルーされるのだろうか。「在日」を日本人として紹介することは、日本人が「純粋民族」であるというイデオロギーが、根強い観念として流通していることと相矛盾する。「在日」は日本のご都合主義で、朝鮮人になったり日本人にされたりするのである。植民地期の「内鮮一体」イデオロギーの亡霊が、このような形で現れるのかと思ってしまう。

　経営当事者にとって物を売るのに〇〇人であるということは、さして重要な問題ではないと思っているのだろうか。日本でも米国でも「日本ブランド」の方がポピュラーで良品というイメージが定着しているからだろうか。真意はわからないが、姓は日本人ふうの吉田、名

前は潤喜と韓国名だろうと思われるものをジュンキと日本読みにしている。この方法で自らの出自とアイデンティティを示しているのかもしれない。当事者の選択や戦略に私が物申す権利もなければ、望むところでもない。問題にしたいのは、やはり日本社会の取り上げ方と認識のあり方だ。そして、その認識に貫かれている「在日」を不可視化する社会文化的な圧力や差別性が問題なのだ。日本人や米国人はおそらく「Yoshida Sauce」は日本人が編み出した日本の調味料だと思い込んでいるはずだ。

　米国ではこのソースに限らず、アメリカで日本食ブームの火付け役になった「Benihana」チェーンの創始者であるロッキー青木も、日本に帰化した「在日」である。派手な包丁さばきを見せながら提供するTeppanyaki料理も日本人の経営する日本食として流通している。韓国系、中国系移民が経営する寿司バーで寿司をにぎっているのがどこの国の人であれ、寿司は日本食の代表として認識される。だが、「在日式」の焼肉はそうならないのだ。このような認識のされ方の非対称性に何か理不尽なものを感じるのは、私個人の過敏な反応に過ぎないとは言い切れないはずだ。

在日の食文化の可視化に向けて

　米国の消費者の多くは、アジアの歴史や人々について確かな知識や情報を持っていない。ましてや日本のマイノリティによる、日本の食文化への貢献など知る由もない。日米の経済的・政治的結びつきが強いためか、オリジンが中国の豆腐を日本食と思っている人は多い。寿司や豆腐がダイエット食としてアメリカ社会に受け入れられるのは、日本の経済力のアメリカへの進出の反映なのか、単純に五母音しかない日本語の製品名が覚えやすく普及しやすいからなのか。ハワイにある韓国の豆腐チゲ専門店の看板は、ハングル表記は韓国語のトゥブとなっているが、英語表記はTofuとなっていた。なぜ中国語でも韓国

語でもないのか。集客のための戦略と理解できるが、「在日」の私には残念な思いが残る。利益最優先のビジネスにおいては仕方がないのかもしれない。だが、経済力の大きさが市場性を拡大する上で有利な梃子として働く限り、各国から食文化のオリジナル性や多様性を奪うことになってしまい、本来は地域的現象である食文化の独自性を維持することが難しくなってくる。ましてや「在日」の食文化は、日本の植民地主義の負の遺産としての同化、吸収の対象ゆえに尚更だ。し

写真3-1 ハワイワイキキビーチにある韓国豆腐チゲ専門店の看板

2021年1月著者撮影

かし、「在日」の食文化も日本食の海外進出の戦略やプレゼンテーションのやり方にあやかって、「在日一世が生んだ焼肉文化」として伝達、共有流通されていくべきではないか。それが在日一世の苦難の歴史を認め想起することにつながるからである。他者の文化や差別の歴史をしっかりと認められるならば、生きるために、「楽（ナギ）」のために、交わりのために、文化のかけらをつなぐために、在日一世の食文化は、日本でも海外でも継承されていくだろう。何が「本物」で「本場」のものかという枠を超えた歴史のダイナミズムの中で生み出された食文化として、在日一世の味はさらに変容し進化しながらも、そのルーツと痕跡は残されていくべきである。

帝国後の人の移動と危機管理
コロナ感染拡大防止水際対策に遭遇して

危機管理を考える

　コロナパンデミックで身も心も萎縮させられる中で思い出す出会い
がある。2017 年に出版した共訳書、『歴史が医学に出会う時』[1]の刊行
過程で出会ったソウル大学の大学院生との会話である。彼はこの訳書
の著者で医学史を専門とする同大学医学部教授の「門下生」であった。
その会話の内容は、訳者あとがきの中でも紹介したが、院生の博士論
文の研究テーマ、日本の植民地期における感染病、伝染病についてで
あった。テーマを選んだ理由を聞くと、「『感染病管理』というのは、
『政治的支配』よりも効果的な支配装置になりうるからだ」という。
その短い答えに、なるほどと感心させられた。

　今回のコロナ感染騒動をめぐる世相の動きを見る時、感染症がいか
に人々の意識に影響し、場合によってはマインドコントロールの支配
装置にさえなりうるということを実感する。

　感染が地球規模で起こっている今回のコロナウイルスは、瞬く間に
人々の心を萎縮させ、マインドコントロールしたように思える。日本
と比較的同質な社会体制の欧米で、人口比でいえば日本の数十倍の感
染者が出ている。日本の医療機関数やベット数の多さを見れば、感染
者数が欧米の数十分の 1 に過ぎない日本でなぜこれほど医療体制の

1　黄尚翼（李恩子・李達富訳）『歴史が医学に出会う時──医学史から見る
　韓国社会』関西学院大学出版会、2017 年。

ひっ迫が叫ばれるのか、メディアはその構造的原因についてあまり話題にしない。日本の病院では、高齢化の進んだ日本社会を反映して多くの高齢者が病院のベットを占有しているという現実がある。病院経営の多くが介護事業化している日本の医療体制の特異性が「医療のひっ迫」の背景の一つであるにもかかわらず、その問題についての議論はあまりなされていない。「医療のひっ迫」という情報がマスメディアを通して流され、人々はさらに不安にさせられているにもかかわらず、「医療のひっ迫」という実態が何に由来するのかを自分の頭で考えることなく「危機感」を持つ。この受動性が危機管理における「支配装置」的成功の度合いを示しているのだと思う。つまり、これまでのコロナ対応は、政府が取りうる具体的な対策を示さないまま、「自粛要請」だけが主要なものとなってしまっている。自粛に応える「国民」は一見能動的な行動を取っているようには見える。自らがその要請に応えているのだから。しかし、見方を変えれば、何ら効果的な対策を打ち出せない政府に対して無批判に従っているようにも見える。さらに踏み込んでいうならば、政府は「要請」「協力」という名分でもって、結果として、「お上」の言うことを受け入れる没主体の「国民」を作っているのではとも思える。そして、政治家や官僚が取らなければならない、責任ある行動指針とその実行を、「国民」に「自粛」という形で丸投げしているように思える。その丸投げされた現場の一つである空港水際対策における出入国手続きと３日間隔離の問題点を、私自身の経験から時系列に沿ってまとめ、帝国崩壊後の「移動の時代」における危機管理とは何なのかを考えてみたい。

ホノルルでの出来事

　2020年の年末、コロナ禍第三波の最中ではあったが、緊急の所用でハワイに行った。減便が続く中関西空港からの直行便はなく、名古屋→羽田そして翌日に成田発という極めて変則的な便しかなかった。

成田空港でチェックインの際、同年2月末シアトルに行った時にはなかった手続きが一つ増えていた。その時もすでに感染者数は急増し始めていたが、各国間の出入国への制限はまだなかった。

　新しく導入された手続きは、QRコードを介して、すべての個人情報を入力しなければならないものだった。スマートフォンのない人はどうしていたのだろうか。ホノルル空港到着後、そのQRコードを提示し、入力済の現地家族の電話番号に空港職員が電話をかけて行き先の確認をとった後、空港を出ることができた。通常は入国審査と荷物の受け取りを済ませるとそのまま空港外に出られる。手続きの追加は、コロナ禍では当然なのかもしれない。しかし一方で、私の個人情報はいつまで保存され、誰によって管理されるのか確認することを忘れ、かなり気になった。

　到着した翌日から毎日2週間、空港で入力させられたメールアドレスに、自主隔離をリマインドさせる旨のメールが届いた。機械的に毎日送られてくるメール内の1か所をクリックするという、簡単なものであった。そのあまりにも単純な仕組みに、どれほど有効で、何のためにしているのかと思ってしまうほどだった。行政上の形式的で自己満足的とも思えるシステムに応答していると、ふと、位置情報を確認するアプリなどで監視されているのだろうか、と余計な想像もするものだ。ちなみに、韓国では携帯電話を使って位置情報が把握されているが、携帯電話を置いたままでコンビニなどに出かけたが何の問題もなかったという学生の体験を直接聞いたことがある。行政システムの形式的完成度に限界を見る思いだ。ハワイの場合は、本人の滞在先に予告なしでランダムに市の職員が訪れ、自主隔離が守られているかどうかを直接確認するやり方である。守らなかった者にはマスク不着用の罰則と同様、上限5000ドルの罰金が科せられるという。この金額ではさすがにちょっと外に出てみようかという気にはならない。これでは、アパートの部屋のドアから2、3メートル先にあるゴミのドロップボックスに行くことすら躊躇するほどだ。

　自主隔離違反と同額の罰金が課せられる可能性があるにもかかわらず、海外沿いをジョギングする人の中にはマスク不着用の人もいた。しかし、5000ドルという罰金額とランダム訪問による監視は不気味な感じがして怖いものだ。それが私には効果があったのか、毎日リマインドメールに応えているうちになんだか本当に監視されている気分になってきた。規則に従わなければならないという圧迫感、そして、課される２週間の移動制限は、人間の心理を日々おかしくさせるものだと思い至った。フーコーの『監獄の誕生——監視と処罰』[2]を思い出すほど、限定された空間から出られない不自由が引き起こす苦痛というものを身に染みて感じさせられた。

　観光経済に依存するハワイでは、ハワイ市民の反対をよそに、第二波以降（2020年8月）PCR検査の結果があれば、現地の人も観光客も隔離免除となった。しかし、私は滞在先自主隔離を選んだ。理由は、短時間で検査結果が出ると聞いていた成田空港での検査費用が、その時点ではとても高く仕方なくあきらめざるを得なかったからだ。現在、日本では低価格の検査キットなどが販売されているようだが、まだまだ「正規」のPCR検査を受ける費用は高く設定されており、検査場所も限定されているため、検査を受けたい人には不条理で不都合な状態が続いている。

　ハワイでの２週間自主隔離期間は「無事」に終わったものの、その「自主」ではない「強制」隔離と監視は、日本に戻った時に起こった。

水際対策の変化と問題点

　帰りの便は、ホノルル→福岡→名古屋というこれもまた不便な航路であったが、航空会社の利益優先による突然の変更で関西空港直行便

2　ミシェル・フーコー（田村俶訳）『監獄の誕生——監視と処罰』新潮社、1977年。

になった。直行便への変更は私にとっては幸いなことだった。しかし、この変更便の座席確認を取るのが容易なことではなく、結果的に関西空港到着後の諸々の問題に遭遇する羽目に陥ってしまった。

　関西空港に到着すると、昨年の8月に日本へ戻ってきた親族の一人が経験したこととはまったく違う入国手続きが導入されていた。昨年8月時点では、空港でPCR検査を受け（本人費用負担なし）自宅に戻ることができ、個人情報提供もメールアドレスだけであった。検査結果は2日後携帯メールに送られ、滞在先で2週間の不要不急でない限りの自主隔離が必要なだけだった。罰金も過料もなく、「不要不急でない限り」という文言は、裏を返せば、出かける用事が発生した場合には2週間内でも外に出られるということだ。昨年までの日本における水際対策は、私がハワイで経験したような拘束感やある種の緊張感はなかったのである。

　ところが、今回、私は72時間以内のPCR検査結果を持たずに入国したため、3日間（3泊4日）所定のホテルに「強制」隔離されることになった。3日間隔離の規則は今年の1月に導入されたという。検査結果を持っていたとしても、72時間が過ぎていたり日本側が求める規定の検査方法による証明書でなければ、隔離免除が認められない場合もあるという。各国の旅行者のうちどれほどの人が、日本でのPCR検査方法に日本独自のものがあることや、求められる証明様式がどのようなものであるのかを知っているだろうか。大使館や外務省は日本での検査方法やその様式をどの程度具体的に説明し、明記して広報しているのだろうか。他にも不明瞭な運用がある。到着が延着したため72時間を過ぎた場合、持参した検査結果を認めないケースもあるという。これでは検査費用を負担して渡航準備をしてきた乗客たちには不満が募り、場合によっては怒りさえも呼び込みかねない。

　実際、そういう怒りの感情が爆発して抗議する人もいるようだ。このように、新たに導入された規則には基準があってないようなものなので、対応に苦慮することもあると漏らす空港職員が上記の水際対策

の実態を説明してくれた。

　PCR検査結果の提示という新しく導入された規則を知ったのは、ホノルル空港に着いてからであった。出発予定前日に届いた欠航の知らせからほぼ一昼夜、電話による問い合わせをしても振替便の確認が取れなかった。仕方なく確認がとれないまま、朝一番に空港に向かった。そこでも、コロナ禍の影響で航空二社が変則的な運航をしているため、責任の分担（発券航空会社と飛行航空会社）が違うということでさらなるトラブルが重なった。すったもんだの末なんとか変更便の座席が確保できた。ほっとしたのもつかの間、航空会社の職員がさも申し訳なさそうに「多分3日間隔離があるのでは」という。驚く私に、彼女は続けて「東京ではそうらしいけど、関西空港での運用は知らない」と言った。

　出発前に、水際対策方針の変更を確認していなかった私の自己責任といわれればその通りである。しかし、出発の数か月前にはなかった規則でもあり、規則変更は想定外であった。それよりも、突然の欠航による振替便のチケットを得ることが何よりも急務だった。減便続きの中、次の便が何日後になるかわからない上、再度、航空券を購入しなければならない可能性があった。そんな中、到着後の心配までする余裕はない。まず何よりも飛行機に乗ることが先決だった。

　いくらコロナ禍とはいえ、航空会社の利潤を優先したかのような突然の変更も受け入れ難いが、政府の徹底した水際対策の広報が伴わないまま推進される変更も納得し難い。たとえ感染症の拡大ペースやその本質が予想不可能であったとしても、対策の変更とその広報の手段がうまくマッチングしていないという印象を否めない。そのうえ、公的機関の広報文が往々にしてそうであるように、今回も文言があいまいで、混乱を引き起こしかねない内容であった。

　航空券を確保した後、念のため航空会社職員が言っていた隔離について最新の情報を空港でチェックした。そこには、外国人、日本人を問わずPCR検査結果の提示が求められる、とあった。しかし、その

文言に続いて「3日間の強制隔離」についての言及はなく、それに関しては他のページに記載されていたのかもしれない。だが、その隔離情報の項目内で「3日間の強制隔離」が書かれていないのは不親切であるだけでなく、場合によっては誤解も生じると思う。さらにおかしいと思うのは、続く文章に、出国先、滞在先によって異なるとなっていたことだ。これは入国規制についてなのか、検査結果の提示要求に対する例外もあるということなのかわかりかねる。

　あいまいさが普通のこととして許容される、日本社会独自の生活文化ならではの記述方法なのだろうか。いや、文化というよりは、責任所在をあいまいにする役所の自衛的体質の表出なのかもしれない。あいまいさは表現の次元だけではない。私は、日本で生まれ育ったが外国籍であるため、出入国に関してはいつも敏感に反応する。第二波の時に入国した親族の来日に備え関係所管に問い合わせて得た情報が浮かんだ。例えば、第二波における水際対策はPCR検査結果の提示などではなく、新規入国外国人と再入国外国人への入国制限をどうするかが主要な問題だった。そして、当初は新規であれ、再入国であれ「特別永住資格」所持者以外の外国人には入国制限をかけた。しかし、そのために日本へ戻って来られない再入国の有資格者が増え、彼／彼女らに対する入国制限の問題が大きくなると、再入国許可証を持って出た者の入国は認めるという、極めて短期間で規則内容を変更するということが起こった。まったく行き当たりばったりとしかいいようのない政策変更に、当方もそうだが多くの外国人学生が当惑した。

　一転、二転する政府の対応のあり方は、単に想定外の未曾有な事態だからとはいえない。近年、SARS、MARS、デング熱、エボラ出血熱など、感染症の問題とその対策について、検証と備えの対策が緊要であることは多くの人が実感しているはずだ。今回のコロナ禍の対応の遅れや一貫性を持った政策が立てられずにいる理由は何なのか。一つには、2012年に制定された新型インフルエンザ対策特別措置法の中身が継続して検討されず、具体的な政策として進捗実践されてこな

かったからなのではないだろうか。感染の広がりやその脅威の大きさにもかかわらず、関係諸団体（医療界、観光業界、飲食業界等）からの合意形成を得ることが難しいからであろう。つまり、既得権益の網の上に成り立つ与党政治の限界がはからずも露呈したという印象を持つ人は多いだろう。

関西空港での出来事

　さて、関西空港に到着してゲートを出ると、通常とは違う数の職員が待ち受けていた。抗原検査をするため、入国手続きの前に全乗客が1か所に集められた。PCR検査結果の所持者も同様に検査が始められた。QRコードへの個人情報入力がまた求められ、対応する職員の数に比して検査も手続きにも時間がかかった。新しい対策のためか、職員の不慣れな指示の仕方は、研修を十分に受けていないのだろうと容易に推察できた。

　やっと私の番になり、唾液を所定の容器に一定の量を入れることが求められた。しかし、年齢とともに減る唾液は求められる分量になかなか達しない。痰が混ざると駄目だというので尚更だ。もたついていると、検疫職員か急遽動員された臨時の職員かが、顎の真ん中を押さえると唾液が出やすいと教えてくれたので一生懸命押していると、本当によく出てきた。さあ、これで終わったと思いきや、最後の段階でPCR検査の証明書の提出を求められた。「ない」と答えると3日間所定のホテルで隔離するというのだ。乗客の少ない広々とした機内で思いの外十分な睡眠がとれたためか、3日間隔離の可能性をすっかり忘れていた。びっくりして思わず出た質問が「宿泊費用は誰が負担するのですか」であった。すると「こちらで出します」という。一瞬安心したものの、やはりそれでは困る。「もし従わなければどうなるのですか」と尋ねたが答えてはくれなかった。結果的には証明書がないということで、3泊4日の「強制」隔離対象者になってしまった。

　ここまで何時間かかっただろうか。新しく急遽導入された対策だからなのか、あるいは「お上」の無責任な現場への丸投げ式だからだろうか、職員たちも当惑している感じだった。一方、今回感心させられたのは職員たちの態度だった。いつもよりずっと丁重、親切なのだ。通常でない諸々の余分な手続きに協力してもらわないといけないからなのか、特に隔離に関しては「強制」性がありながら、あくまで協力要請ということなので、従ってもらわないと困るからだろうか、空港職員の態度はサービスセクターの従業員のように低姿勢だった。それ以外にも、恐らく職員自身が新しい業務に慣れておらず、入国者たち、とりわけ外国人の反応に対し慎重だったのかもしれない。ひと昔前の外国人に対する嫌悪的な態度と高圧的で不愛想だった、入国審査の職員たちの対応とはまったく違っていた。不満や文句に近い私の小うるさい質問にも答えられる範囲で親切に答えてくれた。ただ、PCR検査結果「不所持」を示す赤色のリボンのネームタグを首にかけられた私を見て、他の職員が「あぁ『不所持』」と私の横にいた職員に声掛けした時は気分が悪くなった。小ばかにして突き放すような物言いで、自分たちの内輪的な業界用語でもって他者を類型化するやり方に、タグの赤色の表象もそうだが、陰性結果が出た後だったのに、まるで「危険人物」扱いされている気がした。

　長時間飛行や検査などで疲れ切っていることもあり、仕方なく「誓約書」なるものにサインをした。「誓約書」には、感染への注意事項と、違反の場合には名前と外国人においては国籍の公表、そして在留資格取り消し、退去強制の手続き対象者になると記載されていた。

ホテルでの出来事

　所定のホテルは抗原検査結果が陰性者と陽性者とでは異なるという。私は陰性だったので職員が『ランクの良い方ですよ』と、慰めのつもりなのか耳打ちしてきた。陰性者用のホテルは空港に隣接し、歩

いて行ける距離にある。それでもミニバンタクシーが用意されていて
まるで「VIP」扱いのような待遇だ。いやいや、陰性であっても危険
視されているからだ。あるいは、陰性者、陽性者に関係なく、ホテル
まではタクシーでというマニュアルがあるからかもしれない。もし、
陽性だったらタクシーの運転手に移る可能性があるので、救急車だっ
たのだろうかと思った。

　ホテルに入るとまた別の検疫職員が待機していた。この隔離政策の
ため部屋を大量に借り切っているのか、隔離者専用のエレベーターが
設定されていた。そこに続く通路の手前は白い布のついたてで仕切ら
れていた。エレベーターに向かう制服を着た職員の後に続く私は、通
常の宿泊客でないことは一目瞭然である。ホテルのホームページには
厚生労働省の管轄下、一次待機室を提供しているとあった。うまい表
現だ、隔離施設とはいわないのだ。ホテル到着後もホテル側のスタッ
フは一切関与しない。私は検疫職員の指示に従うだけであり、その職
員の後に従いながら何ともいえない気持ちになった。

　この職員はエレベーターで私の部屋の階までは来ない。私の部屋の
階ではまた別の職員が待機していた。海外から来た者と職員がエレ
ベーターという密室に一緒にいることを回避するためのようだ。部屋
の階で待機していた職員は、私が大きなカバンを部屋に入れようとす
るとドアを開け荷物を入れるまで、ドアが閉まらないように支えてく
れた。その体の位置は、部屋に入ってはいけない規則なのだろう、一
歩でも部屋から遠く、私からも極力離れようとし、まるで触ると危険
なものがあるようなポーズで見苦しく、あたかもバイキンマンを扱っ
ているかのようだった。空港での手続きはすべて職員が真横で対応し
ていたのに、ホテルでの空港職員は少しでも私から離れるという、こ
れもマニュアル通りなのか、本人の性格の違いなのか理解に苦しむ。

　長時間かつ不快なすべての過程が終わり、部屋に入ると疲れもあっ
て少しほっとした。2時間近くかかる自宅に帰るよりもとりあえずよ
かったかなとも思ったりもした。パソコンがあればある程度の仕事は

できるし、著名な作家がホテルに缶詰めで原稿を書く疑似体験でもするかと軽く考えてもみた。しかし、2日目の午後になるとそんな遊び心は飛んでしまい、だんだんとイライラし始め、もやもやとした怒りの気持ちがふつふつと湧いてきた。部屋の窓は少ししか開かない、ホテル内にあるコンビニに行くことはもちろん、ロビーに出ることもできないと不便さには事欠かない。必要なものがあれば職員が代行して買ってくるという。しかし部屋から一歩も出られないというのは拘禁反応めいたものを覚えさせ、心理的な息苦さがある。備え付けの電話はフロントにはつながらず空港検疫につながり、これではホテルではなく拘置所に入れられた感じだ。ちなみにこの隔離者に対し、「入所」「退所」というこれまた業界用語らしき言葉が使われていたのだが、これも何かしら違和感がある。

　空間的圧迫感や時間的拘束感からくるストレスと不快感がさらに募ったのは、24時間体制で監視されていることがゴミを出す時に分かったからだった。

　無償で提供される食事はコンビニ弁当でドアの横にある椅子の上に置かれ、毎回、置いたことを知らせるベルが鳴る。ドアを開けて直接手渡すことはしない。誰が座ったのかわからない、それも匂いがしみ込んでいそうな布製の椅子の上に置くので、不衛生を意識した私が『ワゴンかテーブルはないのですか』と聞くと、返事は『すみません、ありません』と一言だけだった。

　最初の朝食は、白い箱にいくつかのクロワッサンとヨーグルトに加えコンビニサラダが入っていて、そこそこの味を楽しめた。しかし、その後の朝食はミニパンとヨーグルトだけになり、売れ残りではないかと勘繰るほど無造作にビニール袋に入れられたものだった。ベルの合図でその袋を取っていくうちに、一瞬、物乞いしている者のように苦い気分になり、「良心囚」が不当性を訴えるために食事を拒否する心情が点ほどではあるがわかるような気がした。

　見た目には一食500円前後の食事で、4日間、昼も夜もほぼ同じ内

容で、毎回サバが入っていた。違いといえば、塩焼きか味噌煮かだけ
だ。サバ好きの人に配慮したわけではないだろうが、手狭な部屋に魚
の匂いが毎回こもる。食後、ゴミを外に出した時、ドアの前の通路で
監視している人がいるのに気付いた。目の悪い私は濃紺の制服姿の警
備員が警官に見えて、警察の方ですかと尋ねるといや違いますとい
う。ホテルか空港の警備員ですかとさらに問うと、その人は口ごもり
ながら、民間の警備会社から派遣されてきたという。しかし、まさか
私一人のための警備なのだろうかと思い、さらに尋ねてみた。する
と、エレベーターを挟んだ向かいの部屋にも一人か二人いるという。
各フロアに2人の警備員が24時間交代で二、三人のために、必要が
あるとは思われない監視をしているのだ。

　彼らの座る椅子は私の部屋のドアのすぐ前にあり、声が大きい私
は、電話の声にも気をつけなければと思った。時間が経つにつれ、こ
の距離ではシャワーをするにも気になる。監視もそうだが、それ以上
にこの距離感に何ともいえない気分になってきた。三度の食事のゴミ
を捨てる度に、1メートルもしない距離に男性警備員がいるのは不快
感から苦痛に変わってきた。

　さすが24時間監視の対象にされるといろんな疑問が湧いてくる。
感染者の急増という時期でもなく拡大防止というには遅すぎるこの時
期に、陰性者に対しても自主隔離から強制隔離になった背景は何か、
強制できる法的根拠は何か。苛立ってきた私は、法的根拠を聞くため
に備え付けの電話で検疫職員に聞いた。検疫法第6条だという。同僚
の先生はどの条項でもお願いしかできないはずだという。そこで、私
はさらに尋ねた。陰性結果だったので、もし私が市民的不服従をもっ
て強制隔離に従わなかったらどうされていたのですか。逮捕される
のですか。そもそもこの第6条の条文で逮捕できるのですか、と詰め寄
る私の質問に、いや、まあとか明確な回答はなかった。

　隔離から解放される4日目の朝一番に再度抗原検査があった。その
結果はもちろん陰性であった。もし陽性であれば、さらなる隔離だっ

たのだろうか。その場合、対処や説明用のマニュアルができているのだろうか。

　その後2週間目の最終日まで、厚生労働省から毎日ハワイでの滞在時と同じようにリマインダーのメールが届いた。ハワイと違って二か所クリックする箇所があり、最後のページには「ご協力ありがとうございます」という文言と同時に、協力しなければ名前を公開する場合があると脅迫めいた文言で締めくくられていた。結局すべての自主自粛とは協力要請なのか、強制なのか、管理なのか支配なのか問われなければならないだろう。

危機管理とは何だろう

　非常事態宣言に伴って発令された水際対策の一つである3日間の隔離政策は、まさに「危機管理」の一つである。しかし、私はこの言葉を違う意味で理解してきた。私が初めて耳にしたのは確か1990年代だったと記憶する。当時米国に住んでいて、日本での永住資格を継続するためには1年、現在は「みなし再入国」で2年、許可申請して最長6年、という再入国期間内に戻らなければならなかった。当時、友人たちとの会話の文脈から、危機管理というのは支配イデオロギー浸透の一方法で、「国民」間に危機感を煽り、恐怖感を植え付け萎縮させる管理方法だと考えていた。ところがある時、勤務先の危機管理体制がなっていない、と同僚が憤慨しているのを聞いて、私が理解していた「危機管理」とは違う「危機管理」の存在に気づいた。そこで調べてみると、防災、防衛、金融危機など災害時や有事の際に関する研究が大半であった。つまり、内部の人間に対する危機管理と外部からの危機に対応する管理の二通りの「危機管理」がありうると解釈できるだろう。しかし一方、ここで述べてきたように、危機管理のために動員される処々の規制や規則、そして監視は、「要請」「協力」という美名のもとで私たちを翻弄し、巧妙に支配しているということを、

もっと自覚しなければと思う。

　私たちが「危機管理」の背景にある権力の行使をいかに注視できるかによって、私たちの主体的自由度は大きく異なってくると思われる。危機管理に受動的に反応して萎縮しないため、そして、思考や行動がマニュアル化された人間にならないためにも、危機管理の状況と意味合いをさまざまな角度から考えることが望まれているのではと思う。なぜなら、「帝国」の支配のあり方は、国と時代によって形を変えてはいても、権力（者）が「民」を支配するという目的は、変わらず現在も続いているからである。

第 II 部

帝国の余波と逆流

5 南の「日本」
台湾と東南アジア

出会い

　子供の頃から海が大好きな私は、南太平洋の島々に対して「ぜひ一度行ってみたい地上の楽園」という美化されたイメージをずっと持っている。このイメージは、新鮮な食べ物とセックスに飢えていた大航海時代の白人男性航海者・侵略者の幻想、西洋帝国主義拡張に対抗する戦前・戦中における日本の南進論者が再生産した言説、また戦後経済先進国の富裕層が自己満足のために構築した行楽の空間の系譜を引いている、と批判するポストコロニアル研究の文献を読んで納得しているにもかかわらず、今なお私の頭の中に南太平洋＝青い珊瑚礁の理想郷という方程式が定着している。10年ほど前までは青い珊瑚礁を求めて台湾、シンガポール、マレーシア、インドネシア、モルジブ、日本などの海をシュノーケリングとスキューバダイビングをしてきた。

　残念なことに今日まで南太平洋の島々とは縁がない。強引に接点を見出そうとしても、1990年代中頃、現在のパラオ共和国の国境付近まで一度だけ妻とちょっとした旅行に行ったことがあるくらいだ。場所は現在のインドネシア共和国に属しているスラウェシ島の北端にあるメナド（マナドともいう）という港町だ。町の中心部は空港から車で20分くらいのところにある。港町なので埠頭からスピードボートに乗り換え、さらに15分ほど行くと、スキューバダイビングの聖地といわれるブナケン島に着く。島の面積は狭いけれど、抜群に綺麗なサンゴ礁に囲まれていることで世界的に有名である。色鮮やかなサン

ゴが逞しく立体的に群生しているので、潜ると重力から解放されると同時に方向感覚を失い、時間まで忘れて百花繚乱のサンゴ群に吸い込まれそうな恐怖と興奮に震える。想像だがミクロネシアの珊瑚礁もきっと同じように美しく、非常な感動を与えてくれるだろう。

　コンクリートジャングルとよくいわれるシンガポールから飛行機でポンと飛んできた私にとって、ヤシの木に囲まれている平屋が点在するメナドはのどかそうに見受けられ、地の果てに来ている感じがした。それは都会の喧騒から逃れてきた自分の主観的印象にすぎないと自覚しながらも、街の風景、人々の服装、市場の魚と野菜、街角の食堂の食事（冷え切ったアボカドドリンクと犬の肉のサイコロ煮）など目新しいものがいっぱいだった。それだけではない。生きている化石といわれるシーラカンスという深海魚が、この近辺の海底で捕獲されたことを読んだことがあり、ナチュラルヒストリーが趣味である私は、さらに一層この町をエキゾチックに感じた。メナド滞在は3泊4日という短い期間だったが、興奮と発見のヴァカンスとなった。その後、日本の南洋関係の資料を読んで、戦前から日本人はすでにメナドに目をつけ、そこを中心に北スラウェシ島に入植を試みていたことを知った。当時の日本の南洋庁はパラオとメナドを連絡する運行を日本の海運会社に開始させ、日本人移民を日本統治下の「内南洋」から次の進出地とされていた「外南洋」へ運ぶことを図っていた。しかし大規模な日本人入植地が出現する前に太平洋戦争となった。開戦初期、日本軍はメナド地方を奇襲し制圧した。現在のメナド空港も日本軍によって作られたという。このように、帝国日本の「南進」は私の偶然にまかせた小旅行より少なくとも70年も早くメナドを「発見」したわけだ。

　ただ日本人による入植の規模が小さく、期間も短かったためか、メナドには観光に値する、日本人が残した建造物などは存在していないようだ。今でも東南アジア各地に散在する戦前・戦中の日本関係の遺構・遺跡を遍歴する少数の日本人歴史マニアとは違って、現在のメナ

ドの住民は自分の町と日本との過去の関わりを自分のアイデンティ
ティの一部として記憶しようとしていないようだ。独立後のインドネ
シア全体においてもいえるだろうが、この国の人々は帝国日本との過
去の交渉を振り返るより、今現在の政治、経済、宗教、民族などの諸
課題に取り組む方が緊要だと思っているような気がする。それはとも
かく、このメナドへの小旅行のお蔭で、私は白日夢として、野望とし
て、また現実としての帝国日本の南進のスケールがいかに大きかった
かということを知らされた。そして、有形無形を含め、日本帝国との
関わりの跡形もない現状を見て、歴史に興味ある者としてかすかな失
望を禁じえなかった。

　この「メナド発見」から10年ほど遡って、いま思えば、私は台湾
で日本帝国の歴史を生々しく経験したことがあった。恒春半島という
ところは台湾島の最南端にあり、1980年代後半まで多くの台湾の
人々にとって田舎の中の田舎であると認識されていた。台北市内から
国光号長距離バスの直行便が1日に1便か2便しかなく、目的地に着
くのに6時間もかかる。その時アメリカの大学に在籍していた私は、
この半島の先に位置するある村に、研究調査のため1989～90年の1
年間滞在していた。村に入ってから数ヶ月過ぎた時点で、現地の事情
をまったく知らないまま妻が日本から合流してきた。村での日々の生
活はゆったりしていた。私と妻は毎日午後4時か5時に散歩に出か
け、二人で日本語を喋りながら村を一周まわるのが日課だった。途中
ですれ違った人々に挨拶して、新参者である自分の顔をできるだけ多
くの村人に覚えてもらい、早く村の一員として受け入れてもらいたい
狙いもあった。車道を挟んで私たちの仮の住まいの斜め向かいに一人
の老婦人と中年の息子が住んでいた。病弱な息子の顔はほとんど見か
けないが、彼女は村人がよくするように玄関先にしゃがんで食事の支
度をするので、毎日のように顔を合わせていた。いつも会釈だけで会
話を交わすことはなかった。なぜならば私たちは北京語しか話さない
のに対し、村人たちは閩南語（南福建省の言葉）を常用している。特

に年配の人々は北京語が苦手だけではなく、ほとんどわからない人も
いる。そのうえ北京語は「外省人」（第二次世界大戦後、蒋介石政権
と一緒に台湾にやってきた主に役所と軍関係の人々）の言葉として使
用を忌み嫌う人々もいた。ある日、普段通り私たちが散歩に家を出た
時、玄関先で晩ご飯の支度をしている例の老婦人は私たちを見上げ
て、笑顔を見せながら『アマテラス』とはっきりと話しかけてきた。
びっくりした私はすぐ『ニホンゴ　ガ　ワカリマスカ？』と訊ねたが、
彼女は笑顔のまま返事をしない。もう一度ゆっくり『ニホンゴ？』と
聞いても返事がない。諦めず簡単なマンダリン（北京語）で話しかけ
てみたが沈黙の壁はついに崩れることはなかった。結局、1年間を通
して私たちとこの隣人との会話のすべてが「アマテラス」という一言
に始終した。

押し付けられた言語

　その後も時々このエピソードを思い出しては、自問する。この時の
「アマテラス」という言葉はいったい何を意味しているのだろう？　台
湾の最南端の村に住む一老婦人とアメリカから来た学生と彼の妻との
一瞬の短いコミュニケーションを成立させた言葉が、他でもない記紀
神話の中心的な神様アマテラスだったことは、帝国主義の歴史を意識
する私にとってどう理解すればよいだろう？　司馬遼太郎ふうに理解
すれば、台湾では戦前の日本が持っていた「いい点」がまだ残ってい
るということになるのだろう。脱植民地論に立つ台湾史の解釈によれ
ば、その言葉は植民地教育、すなわち「皇民化教育」の遺物（遺言？）
だということになるのだろう。幼少期が日本の台湾植民地統治の成熟
期と重なる彼女は「アマテラス」という言葉を頭に叩き込まれたに違
いない。彼女のこの一言は日本が台湾で実施した植民地教育、ひいて
は植民地支配の特徴と強烈さを示しているといえよう。ただ、これが
すべてではないような気もする。コミュニケーションの観点からすれ

ば、1989年の時点で彼女が私と妻に対して発した「アマテラス」という音は、彼女が私たちに好意を示す「挨拶」であると理解した方が妥当であろう。この場面では「アマテラス」は「こんにちは」と同様なコミュニケーション機能を果たしていると私は思う。

　帝国が植民地の人々に教育を通じて支配を、政治と軍事面だけではなく文化の面からも強化することに対する批判は、ポストコロニアルスタディーズにおいては基本的な姿勢である。しかしこの押し付けられた外来文化・言語は、脱植民地を遂げた社会・国での位置づけがなかなか複雑多様なものである。今日でも植民地教育の評価について、世界史レベルで活発に議論されている。台湾・恒春での老婦人との会話を見ても、この女性が外国から来た若い学生と彼の外国人妻に対し何らかの歓迎のメッセージを送れたことは、日本の植民地教育が台湾に残した遺産である。しかもこの小さな遺産は簡単にマイナスだと断定し難い。むろん日本が施した植民地教育が台湾の経済発展と文化向上に寄与したとして日本の台湾領有をひたすら礼賛する言説は、短絡的かつ欺瞞的だと見定めなければならない。しかし植民地教育は、場合によって――特に脱植民地後においては――旧統治者の支配強化の意図にもかかわらず予期しなかった結果をもたらすこともある。植民地教育を含め、教育は一般的に権威的で押し付けの側面と学習者の主体性を助長する啓蒙的な側面を持ち合わせているといわれている。帝国主義や植民地統治に対しても同じように、その抑圧と搾取の本質を批判しながらも、その意図されなかった結果（unintended consequences）も視野に入れて多角的に分析する必要があると思う。

　この帝国主義支配の曖昧性と多義性を反映して、研究者の間では植民地教育、特に植民地言語教育の評価について意見が分かれている。日本語の場合、その欠片は旧日本帝国のところどころに散らばって残っているものの、侵略する者の言葉から独立国家のリンガフランカにならなかったため、脱植民地議論に取り上げられることが少ない。しかしスペイン語、フランス語、英語などはまったくその反対であ

る。捨てるに捨てられず、リンガフランカの役目を果たし続けるこれらの言語は民族主義にとって厄介な存在となっている場合が少なくない。あの植民地主義批判の大御所である Frantz Fanon でさえ宗主国フランスの言葉の政治性を批判することがあっても、それを放棄することはできないというジレンマから脱却できなかった。彼はフランス語を話す黒い肌の人々のアイデンティティ・ポリティックスに鋭い分析を行っている。それによると、黒い肌の人は混成（混血？）のクレオール言語ではなく、純正（純血？）のフランス語を話すことによって、初めて白い肌のフランス人からある程度の尊敬を得られるという。しかし究極のところで、黒い肌の人はいくら立派な標準フランス語を話しても白い肌の人から差別されることを完全に回避することができないとも彼は指摘している。綺麗なフランス語を話しても差別を免れず、クレオール言語を使うとなおさら不利を被るというのは、植民地統治下に置かれている「有色人種」の運命である。

　そもそも、もし Fanon がフランス語を使って植民地批判を行わなかったのならば、彼の著作は、英訳を含めて今日のように世界各地の大学で指定図書となって、多くの学生に読まれることはないだろう。そのうえ Fanon を悩ませていた言語のジレンマから抜け出る可能性も、その後の学者と作家によって示されている。彼の思想をさらに発展させた学者はクレオール言語をフランス語より高く評価している。また旧植民地宗主国の言語であるフランス語の使用を拒否して、自分のコミュニティの言葉で文学を創作する作家も現れた。しかし一番興味深いのは、この二つの流れに逆行して旧植民地宗主国の言葉への拒絶反応を超越した旧植民地の作家も出現していることだ。本国に居住して文筆活動を続けているフランコフォン（Francophone）作家は、フランス語を自分の言葉と肯定し、母語・フランス語で世界のフランス文学を創出することに努力している。この人たちはフランスという国に住むフランス人作家に対して劣等感を持たず、反対に自信を持ってフランス語でフランスという国を超えるグローバル・フランス語文

学の創出を試みている。主にアフリカで暮らしている彼・彼女らのこの意識は、カナダのフランス語話者が自分のフランス語がフランス人のそれとは相違があっても、それより劣ることはないと確信していることに共通している。

　このように抑圧とエンパワーメントの可能性を両方持ち合わせている言語は、植民地統治の負の遺産として簡単に片づけることができない。政治的な脱植民地と共に言語的な脱植民地も成し遂げた国もあれば、旧宗主国の言葉を意識的に継承する国もある。シンガポールはその好例だ。この島国は 1965 年独立以来、一貫してバイリンガル教育の一環として英語教育を重要視してきた。90 年代から母語教育（北京語、マレー語、タミル語）が強化されたが、義務教育における英語の中心的な地位は依然として確固たるものである。Fanon がいうように白い肌のフランス語話者に対する黒い肌のフランス語話者のアイデンティティが不安定である場合もあるかもしれないが、多様な肌の色の国民を持つシンガポールでは、英語は人民を結束する共通の国民アイデンティティにおける主な構成要素となっている。この場合は特定の肌の色と特定の言語との一対一のつながりが否定されることによって、国民の団結が確保されると考えられている。この国のかつての指導者は、シンガポール国民の強みの一つが英語であると繰り返し国民に説いていた。さらに彼は国民にクレオール言語に相当するシングリシュ（Singlish）の使用を避け、「正しい」英語を話すよう促していた。それでなければシンガポール人は他の国の人々に尊敬されない、と彼は言った。独立後のシンガポールの言語政策は、Fanon が指摘するような言語のジレンマと彼の思想を継承した者が提唱するクレオール言語の使用のどちらとも無縁である。この現象は旧植民地における言語政策の先祖返りといってもいいだろうか。

　中国返還後の香港も植民地統治の言語遺産に対する評価の難しさを示唆するエピソードを提供している。1997 年 7 月 1 日、当時中国の最高指導者である鄧小平が提示する「50 年不変」の原則のもとで、

香港はイギリスの植民地から中国の一特別行政区へ変身した。中国の主権管轄に戻った香港では、人々が「馬照樣跑、舞照樣跳」（今まで通り競馬とダンスを続ける）という自由が保証されていると鄧がいったそうだが、やはり変わるべきものは変わった。その一つは「母語教育」である。植民地香港では、英語媒介学校と中国語媒介学校との二つの系統の学校が並存していた。一般に前者が後者よりレベルが高いとされていた。返還後もこの二股の教育制度は存続するが、教育制度における脱植民地化の動きも現れ始めた。外国語としての英語教育は継続するが、少数の例外を除きすべての学校ではこれから英語以外の科目（物理や世界史など）を英語ではなく中国語で教授するように移行する政策を、返還後の香港政府がいち早く打ち出した。せっかく祖国に帰還した旧植民地が積極的に母語を取り入れ、教育を一新して、次の世代を育てるという考えがこの政策の背後にあったのだろう。その考えは脱植民地論として筋が通っているかもしれないが、いざ教育政策として実行されると多くの英語媒介語学校の学生の父兄から強い反対の声が上がった。高度な英語力を身につけないと将来のキャリアにとって不利益が生じると心配する親たちは、脱植民地を遂げた香港であってもイギリスが残した植民地教育制度をそのまま継承すべきだと主張するわけである。さらに英語が香港で通用しなくなった日は、国際金融センターとしての香港が没落する日だと、母語教育を反対する人々は強調する。シンガポール、香港、インド、アフリカ諸国、中南米の国々を視野に入れると、旧植民地統治者の言葉を放棄したくない、その言葉（英語、フランス語、スペイン語など）の存続こそ自分の将来の利益と重なると考える人と社会は案外多いのだとわかる。

　入植者の言語は、植民地統治の歴史文脈の中で侵略の武器である性格が強かった。外来の言語が現地の言語を圧迫し、場合によって消滅まで追い込んだ歴史もある。このような言語帝国主義は道義上容認し難いが、言語学者 David Crystal によると言語消滅の一つの要因は、消滅する言語の母語話者がその言語の使用を自ら放棄する場合もある

という。母語話者の自分の母語に対する無関心（indifference）は、外部の者の直接的な武力行使や明白な経済圧迫による結果とは限らない。個々人が特定の歴史、社会、経済の文脈の中で自分の利益のために母語の使用を諦め、別の言語を自分の常用言語として選択することはよくある。マクロの視点から、この人たちの選択が本当の意味での自由な選択だったかどうかという議論は当然ありうる。しかしこの人たちの多くは、自分の意思で選択したと認識していたことも、歴史を多角的に吟味する意味では無視できない一面である。

　アメリカに留学していた時も、この問題に関連する事例をいくつか見聞して考えさせられたことがある。一つは、大学図書館で勤める日本人司書が家庭では自分の子供に日本語を話さなかった。大学にある土曜日本人学校に通わせることもしなかった。聞くところによると、彼女は子供が日本語を覚えると、それが英語習得の邪魔になると考えていたらしい。特に英語の発音がおかしくなると懸念していたという。彼女の夫も彼女と同じように日本生まれ育ちの日本人だけれども、二人はアメリカで生まれた子供がアメリカ人として生きていくため不利にならないように、家庭から日本語を追放し、英語に徹することを決めただろう。この考えは1950年代、60年代にアメリカに渡った日本人の間では普通だったそうだ。多文化共生が謳われている今とは違って、その頃のアメリカ学会も社会もバイリンガリズムは望ましいものではないと見る風潮が強かった。英語を母語としない新移民がさっさとバイリンガリズムという過渡期を通過して純粋な英語話者としてアメリカ社会に参入することが理想とされ、奨励されていた時代だった。

　もう一つは、香港出身の男性とアメリカ人女性の子供の例である。男性も女性も中国研究者で、二人とも北京語と広東語のどちらも流暢に話す。けれども中国語に長けているこのカップルは二人の息子に北京語も広東語も覚えさせようとしなかった。この家族は何年間か香港に住んでいたこともあったが、その時小学生と中学生だった子供を中

国語教室に通わせなかった。確かに、学校では北京語ではなく、フランス語かスペイン語の授業を受けていた。大学に入ってからも、息子たちは北京語や広東語に一切興味を示すことがなかった。人から見れば「混血児」と見えるこの二人は、自分が重層的なアイデンティティの持ち主ではなく、「純粋な」アメリカ人として生きていこうと思っているようだ。上記の日本人家族の例と同じように、この息子たちは親の話す言語に興味を示さないことで自分のアメリカへの帰属意識を主張しているのではないかと考えられる。しかし親にも子供にも確かめたことがないため、この解釈はあくまでも私の推測に過ぎない。

　私は子供が親の出自に必ず連帯感を持たなければならないという考えを持っていないが、これらの例を見ると、自由だの民主だの移民だのを謳歌するアメリカでも、有形無形の同化の圧力がいまだに働いているのではないかと認識させられた。さらに、例え概念上強制される同化と自ら希望する同化が性質においてまったく違うものであると認めても、個々人の実生活の行動の、どこまでが強制の結果なのか、どこまでが自発の決断なのかを他人が見分けることは難しい。恐らく当人に聞いても明確な答えは得られないだろう。

帝国の遺産整理

　帝国が旧植民地に残したのは言語だけではない。植民者によって建てられた建造物は世界各地に残っている。しかし、それが残るかどうか、さらには残っている場合でもどういう状態、どういう意味で残っているのかということになると、国によって、あるいは同じ国でも時代によって大きく違ってくる。ある時、知人に「台湾では日本植民地時代の建物が所々に残っているが、韓国ではほとんど例外なく取り壊されていた」といわれたことがある。韓国のことがわからないのでコメントを控えるが、知人の指摘は、私が自分の見聞したことを再考するきっかけとなった。いくつかの例を思い出してみたところ、脱植民

地後における植民地建築の運命は、独立を遂げた国の政治を特徴づけ
る指標となることに気づいた。

　上海の例を見てみよう。第二次世界大戦までの上海では、帝国主義
の諸勢力が支配する租界という外国人居留地があった。そこには立派
な洋風ホテル、銀行、劇場、オフィスビル、百貨店などが林立してい
た。1920〜30年代の上海は東洋のパリといわれたほどハイカラと奢
侈な暮らしを極める人たちが集まる大都会だった。他方、その繁栄を
誇る街の景観と人々の貪欲な消費行為は、当時の中国政治と社会の腐
敗ぶりの象徴ともなっていた。1949年の共産党革命後、上海の洋風
建築物はいっぺんに取り壊される運命こそ免れたが、時代錯誤なもの
として顧みられなかった。文化大革命（1966〜76年）で一部の建物
はダメージを受けたが、1980年頃から始まる経済改革は、植民地時
代の建築物に新しい風を吹き込んだ。重厚感と存在感のある20年
代、30年代の石造りの洋風の建物は、再び超高級ホテルや国際ビジ
ネスビルに変身し、新時代の上海の輝く将来のシンボルとして町の誇
りとなった。このように上海の植民地時代の建物の意味と価値は二転
三転した。建物自体は変わっていないが、政治情勢が激変したからだ。

　上海に対してシンガポールはどうだろう？　赤道に近いこの旧イギ
リス植民地の中心部には、丁寧に維持され活用されている植民地時代
の建物が複数残っている。現在の大統領官邸ジ・イスタナ（The
Istana）はシンガポール総督官邸として1869年に建てられた植民地
支配者の宮殿（マレー語でIstanaの意味）であった。今では多目的
芸術活動施設として運営されている旧国会議事堂（Old Parliament
House）は、1827年に建てられたイギリスの海峡植民地政府の主要な
建物であって、シンガポールが1965年に独立してからも国会議事堂
として1999年まで継続的に使用されていた。この他にも90年の歴史
を持つ旧郵便本局フラートンビル（Fullerton Building）はザ・フラー
トンという超高級プチホテルに変身し、1852年からカトリック修道
院として使われていたチャイムス（Chijmes）は、格式の高い結婚式

場から高級寿司屋と豪華な香港式海鮮料理店が入っている、富裕層が
愛用する複合商業・観光施設として生まれ変わった。帝国主義の遺産
であるこれらの建物は、破壊どころか重宝されて、もとの政治機能か
ら新しい文教や商業の目的に転用されている。旧修道院の敷地内で寿
司を売るのに違和感を覚える人もいるだろうが、植民地時代の建物を
積極的に存続させるシンガポール政府の、柔軟かつ実務的な対応には
感心させられるものがある。

　帝国の遺産整理において、台湾は上海とシンガポール両方の経験を
持ち合わせていると見てもよいかもしれない。蒋介石政権下の台湾は
日本植民地時代の建物だけではなく、日本語を含むその文化遺産全般
を侵略者が残した負の遺産として軽視して退けていた。日本植民統治
の公的な精神的拠り所として建立された台湾神社は、脱植民地後いち
早く取り壊された。その跡地に国民党エリート御用達の、中国風建築
の円山大飯店という島随一の高級ホテルが建てられた。各県にあった
国家神道に属する神社は破壊されたか、放置されていた。しかし神社
ではない建物は結構残っている。その顕著な例は台湾総督府だ。植民
支配の政治的象徴であるこの建物は、取り壊されることなく今日も総
統府として台北市の中心に厳然とそそり立っている。

　国民党の一党独裁が終焉を迎えた1988年から、本島人勢力は急速
に台頭し始め、2000年に反国民党の野党が最初に政権を取ることに
成功した。この政治の推移に伴って、日本統治時代の歴史的意義が見
直され、植民地時代の遺構と遺跡も再評価されるようになった。国民
党政府によって忠烈祠に衣替えさせられた桃園神社は、今では桃園市
忠烈祠・桃園神社として、台湾政府の観光局の公式ウェブサイトで「歴
史的文化価値が高い」、「荘厳」かつ「美しい」歴史建築として紹介さ
れている。再評価されたのはこれだけではない。民間設立の神社まで
文化遺産として復旧された。1932年にできた台南市初の洋風五階建
ての林百貨店には、屋上に末広社と呼ばれる個人所有の神社があっ
た。一時空き家になったこのビルが1998年に市政府によって文化財

と指定され、2010 年から復旧工事が始まった。屋上の神社まで修復されたこの建物は、新たな百貨店として 2013 年に営業再開、神社は見所として一般公開している。日本の植民地主義が台湾に持ち込んだ国家神道も神社神道も、今の台湾では島の歴史の一部として隠蔽されるどころか大事に受け継がれている。

　帝国主義・植民地主義の遺産に対し、拒絶すべきか継承すべきかの問題について、今日も世界各地で政治的、社会的、経済的、文化的な課題として議論し続けられている。帝国主義・植民地主義が持っていた抑圧と搾取の歴史をよく認識すると同時に、その遺産がいろいろな形で生まれ変わって影響力を発揮し続けている場合もあることにも留意しなければならない。そうでなければ歴史の多義性、不整合性、さらには不条理性を見落としてしまう恐れがある。

参考文献

杉田祥夫『大南洋へ』大倉広文堂 , 1932。

Crystal, David. *Language Death*. Cambridge UP, 2000.

Panunzio, Constantine M. *The Soul of An Immigrant*. Macmillan, 1921.

Fanon, Frantz. *Black Skin, White Masks*. Grove Press, 1967.

Bhabha, Homi K. *The Location of Culture*. Routledge, 1994.

6 「混血児」
アイデンティティの弾力

私にとっての「混血児」

　私は「混血児」という言葉をあまり使わないような気がする。別に
この言葉に対して特別な思いを抱いていて、意識的に使わないように
しているわけではない。多分この言葉が自分の生活の中で何か重要な
機能を果たしたことがないからだ。少なくとも大学に入ってから、自
分の周りに「混血児」はいつもいる、あるいは——確かめていないの
でわからない——いるはずだ。シドニー、ニューヨーク、シンガポー
ル、アムステルダムのような国際的な大都会へ行くと、異なる外見を
している人間が溢れかえっているので、会う人が一人ひとり「混血児」
であるかどうかを考える暇も必要もない。ああいう都会では、だいた
い人に用事があればその人に自分の用件を伝え、用務が済めばさっさ
とその場を離れ、次の用事に取り組むことにみんな精一杯だ。特に私
の場合は人の「血統」を詮索するより、聴き慣れない話し相手の英語
を理解することを優先しなければならない。同時に分秒を争って自分
の伝えたいことを頭の中で作文しておかなければならない。カフェで
コーヒーを頼んで、コーヒーが出てきたらそれでいいし、銀行で口座
を作りたい時に、そのための書類をもらえたらそれで満足する。相手が
「混血」であるかどうかは自分の生活がスムーズにいくためにまった
く関係がない。むしろ相手が親切に接してくれるかどうかの方が何よ
りも重要なのだ。

　ニューヨークから2時間ほど離れた田舎にある私の大学へ行くと、

確かに学生の中に一見「白人」が多いように見える。肌の色が黒い人はあまりいない。「東洋系」の顔も多くない。しかし後で親しくなってから聞かされてわかったことは、私から「白人」のように見える人でも、家系にはアイルランドとドイツの先祖が含まれているとか、両親はドイツ人とイタリア人であるとか、実にさまざまな組み合わせがある。そもそも私の白人の基準が緩すぎる面もある。ポーランド出身のユダヤ人も、ギリシャから来た人も、トルコの人も私にとっては「白人」のカテゴリーに入る。しかしその「白人」は、自分たちの間でまた「白人」と「白人」ではない人と分ける場合があると、後で分かった。例えば戦前のアメリカでは、イタリアからの移民を「白人」と見なさない時期があったという。そうすると国籍も出身地も違うが、私から見た同じ「白人」である人同士が結婚してできた子供は「混血児」と呼ぶだろうか？　それとも「白」と「黒」、「白」と「黄色」、「黒」と「黄色」のカップルでないと「混血児」が生まれないのだろうか？　日本人と韓国人の子供は「黄色人」同士の「混血」になろうか？　日本人とフィリピン人の子供はどうだろう？　日本人と中国人は？　考えてみれば外見で人を「混血」であるかどうかを決めるには、19世紀の人種主義が提唱するコーカソイド、モンゴロイド、ネグロイドなどの大雑把な類型に頼らなければできないはずだ。金髪と黒髪とは一目で違いがわかるし、肌の色も明らかに違う場合がある。しかしそういう大まかな基準で人を「混血」と「純血」に分けることは、自分が持っている先入観（嫌悪感も好感も含めて）を再確認・再生産する結果をもたらす以外、複雑な現実を理解するのにどんな積極的な役割があるというのだろう？

　「混血」と「純血」といういい加減な分類法は、私の経験では日常生活に何の役にも立たないものである。私自身に限っていえば、「混血児」の概念を持って人に接すると頭の中に無用なレッテルが飛び交い、混乱を起こしてしまうだけだ。むしろそれを捨てた方が地球の歩き方として賢明だと思う。私は常時この人は親切であるかどうか、思

慮分別があるかどうか、ユーモアがわかるかどうか、きちんと仕事する能力があるかどうかという基準で出会う人を分類しようとしている。いやそうしなければならない。人類学や社会学の理論によると、人間は事象を分類しなければ文化も社会も成立しないという。そういう意味で私も周りの人間と同じように絶えず他人を分類している。ただ私の人間分類法の中に「血統」、「混血」、「純血」などの概念は使い道がない。

多分これは私が育った環境にも関係あるかもしれない。1960年代～70年代のイギリス植民地香港ではイギリス人＝「白人」は統治者であり特権階級であった。けれども数の上では彼らは絶対少数派だった。その時代では「白人」と現地の人との結婚は禁止こそされていないが、暗黙の了解として望ましくないこととされていた。「白人」は「白人」と結婚するのが理想だった。統治階級である少数派の「白人」は香港の大衆と接点の少ない別世界に暮らしていた。少数派の中でもさらに少数派になる「白人」男性と香港の女性との間の子供も、この優越した別世界に属していた——そのように少年時代の私は認識していた。「準白人」と目されていた「欧亜混血児」が「白人」からどのように差別されていたのかは、昔の私にはわからなかった。知る由もなかった。私の学校にも、友だちの中にも「白人」も、「混血児」もいなかった。「混血児」という言葉を知らないわけではないが、聞くことも使う機会もほとんどなかった。むしろ周囲から人を卑しめる言葉として「客家佬」、「老兄」（広東語を喋らない「北」の中国人）、「上海婆」とかは時々耳に入った。これらの言葉は、香港の「原住民」であると自認する広東系住民から見た「よそ者」という意味を持つ嫌がらせの表現である。

ちなみに「鬼佬」（「白人」）という言葉は少年期の私の世界ではよく使われていた。特定の「白人」が周りにいなくても、抽象的な「白人」は香港の人々の脳裏に存在していた。語源を深く考えずに当時の香港の人々は誰でもこの言葉を口にしていた。差別的な言葉を使って

も差別するつもりがなければ、差別にはならないという弁解も時々聞く。反対に「鬼佬」という表現にともなう差別は意識されないほど言葉の深層、社会の深層、人々の無意識の深層まで浸透していたともいえる。

日本人「混血児」

　だいぶ後になってわかったことだが、少年時代の自分の周囲に「混血児」は一人もいなかったわけではない。高校を卒業して大学へ行ってから初めて耳にした話がある。それは高校（香港には中国語媒介の6年制高校と英語媒介の7年制高校が並存していて、どちらも日本でいえば中高一貫校に相当する）のある同級生の母親が日本人であるということだ。父親は香港の人なので、もし香港人と日本人は「血統」（民族・race）が異なるとすれば、この同級生は「混血児」に相当するわけである。特に親しかったではないが、時々学校の廊下でおしゃべりしたり、放課後ちょっと一緒に遊んだりしていた。この同級生は在学中誰にも自分の母親が日本人であることを打ち明けなかった。ずっと「普通の」香港の人として学校に通っていた。高校を出てから母親の苗字を名乗り、日本人として日本の大学へ進学することになってから、彼は初めて昔の同級生に自分は国籍上、日本人であることを話した。

　これは私にとってまったく意外なことだった、また考えさせられた。なぜ彼はこのことを私たちに言わなかったのだろう？　言う必要がないといえばそれもそうだが、彼がその事実を意図的に隠していたのではないかという疑問は拭いきれない。差別を恐れていたのだろうか？　1970年代の香港では人々は日本人に対して強い敵意を持っていたとは思わないが、今の若者のように好感を持っていることもなかった。80年代中頃、香港へ交換留学した一人の日本人大学生の回想によると、当時の香港の人々は日本人に対して無関心だった。やはり

「白人」がみんなの注目の的であった。そういうわけで私の同級生は単純に香港人として暮らした方が、通学をはじめ生活のあらゆる面で無難だと判断したのかもしれない。この同級生のことで私は、他人の目にはわからない「混血」でも場合によって本人にとっては悩みの種となることがあることに気づかされた。（多くの在日韓国・朝鮮の人々にとってこれは大きな悩みであるという証言が多数あるけれども、日本における韓国・朝鮮の人々の立場と香港に暮らす日本人「混血児」の立場とは異なる点が多いことに留意しなければならない。）そのうえ私にとって「混血」はあまり意味のないカテゴリーでも、他の人間にとって、あるいは社会一般にとって大きな意味を持っていることがあることにも痛感させられた。日本で就職して暮らすようになったこの同級生は、日本では自分の香港人の父親のことを友達や同僚に明かしただろうか。当然、それは本人次第であって、他人が口を挟むことではない。ただ移民という社会現象に興味を持っている私にとって、彼は日本でどのようなアイデンティティを打ち出しているのかを知りたい気持ちもある。

　シンガポールで仕事していた時も香港と日本との「混血児」に出会ったことがある。同僚の中に香港出身の人がいた。専門分野が近いこともあって親しい友達になり、家族ぐるみで付き合うようになった。一緒に食事に行ったり、お互いの家でパーティーを開いたりしていた。ある時、家に遊びに来た友人の妻は私の妻に、自分の母親は日本人で、自分の日本名は「○○コ」であると話した。香港随一の大学の英文科卒の彼女は生粋の香港人だとばかり思っていただけに、私たちはこの話を聞いてビックリした。本人は片言の日本語も喋れない上、幼い頃母親が日本料理を作ってくれたなどの記憶もないという。日本の国籍を持っていない彼女は、日本は大好きだが、自分は日本人であるとはまったく思っていない。母親は日本人だが、自分は香港人という振る舞いだった。これも面白い事例だと後で気づいた。彼女は1960年代〜70年代の香港で育ったので、前出の私の同級生と同じように

　自分の母親が日本人であることを前面に出すことなく、普通の香港人として暮らしていたと想像できる。その結果か、90年代に私たちがシンガポールで出会った時の彼女は、自分が日本人の「血」を引いていることに対して何も特別な気持ちを抱いていない。彼女にとって「混血」は些細な事実に過ぎない。何か意味があるとすれば、それは日本人の友達（私の妻）をびっくりさせる話のネタになったというくらいのことだ。

　日本料理は1980年代から香港の上流階級に浸透し始め、90年代末期にもなると中流階級、なかでも20代30代の人々を魅了するようになった。日本ブランドの百貨店（八百半、そごう、西武など）へ行って、日本の小物を買い、フードコートで日本食を食べ、地下のスーパーで日本の食料品・食材を買い揃えて帰るのは、香港の中流階級の一つの週末の過ごし方として定着していた。香港の経済成長と国際社会における日本のソフトパワーの伸長と相俟って、香港の日本人「混血児」の振る舞いにまで影響を及ぼしたと私は感じた。あくまでも個人の見聞に過ぎないが、2000年に入ると香港では日本人「混血児」が目立つようになった気がする。私が知っているインターナショナルスクールではこのような子供が何人かいた。ほとんど例外なく母親が日本人で、父親は中国系の人（香港出身の人もいれば、台湾や東南アジア出身の人もいる）の子供である。日本人母親たちは子供の学校生活や社交生活に積極的に関わり、自分の子供が「混血児」であることを隠すどころか、日本人でもあることを誇りとしていた。母親がこのように振る舞うので、子供も自分が日本人の「血」を引いていることを肯定的に認識して、言及を避けようとしない。これまで社会的地位が曖昧だった関係で、潜在的な存在だった香港の日本人「混血児」は、顕在的な「外国人」＝特権階級（白人ほどではないが）として自他共に認められるようになった。

　他にもこの変化に寄与した要因がある。一つは1997年の中国返還を境に植民地統治に由来するイギリス系「白人」を中心とする香港の

特権階級の凋落が考えられる。それに取って代わったのは多国籍の外国人駐在員や外国人専門家とその家族である。イギリス植民地から中国の都市へと変身した香港の新しいエリート層の「会員」になるための条件は、外国籍と経済力である。イギリス国籍と「白い肌」の優位性は消滅していないが、昔とは違って「エリート会員権」は一つの国籍の持ち主や白い肌の人だけに限られることがなくなった。こうしてエリート層が拡大したのみならず、その中身の多様性も広がった。

　二つ目に考えられる要因は 1984 年に行われた日本の国籍法の改正である。この改正によって 1985 年以降、日本人女性と外国人男性との子供は日本国籍を取得することができるようになった。改正前は日本人の母親が日本国籍を「混血児」の子供に取らせようとしたら、子供を「私生児」（父親がいない）として日本政府に届出しなければならなかったらしい。そうでなければ子供は、母親の国籍ではなく、外国人である父親の国籍を継承することとなっていた。こういう経緯で 80 年代半ばから香港の日本人「混血児」は香港人だけではなくなり、日本国籍を持つ香港人となった。つまり外国人となった。これでもし家庭が裕福であれば日本人「混血児」は外国籍＋経済力の基本条件を備え、香港の新興エリート層に堂々と参入できるわけだ。

「欧亜混血児」

　少年期の経験に影響され、私は香港の「混血児」といえばすぐ「白人」男性と香港の女性との間の子供が頭に浮かぶ。私から見れば統治階級に属しているこの子供たちが、香港の人々に差別されることがあったことを最近になって初めて知った。気づくのが遅すぎるといわれても仕方がないが、高校を卒業してからほとんど海外で暮らしていた関係で、少年時代に受けた香港に対する部分的な印象がそのまま化石化して頭の中に香港の全体像として残ってしまったのだ。

　最近気になるニュースがあった。2、3 年前イギリス人の父親と香

港の人の母親を持つ「混血」の香港俳優・王秋生（Anthony Wong）が中年になってから、人生で初めてのイギリス訪問を果たしたという。向こうで彼は二人の異母兄弟と初対面した。1955年香港に軍人として転属した王の父親は香港の女性と重婚して、イギリスと香港とそれぞれの地に家族を持つようになった。しかし王がまだ幼い頃、父親は香港の家族を置いて、一人でオーストラリアへ渡ってそのまま音信が絶えてしまった。もし父親が家出しなかったら、王は「白人」の父親のおかげで「準会員」として当時の香港の「白人」特権階級の一員になり得ただろう。けれども父親がいなくなったため、王と母親は植民地特権階級に参入するどころか、経済難に陥った。外見上「混血児」に見えた王は、現地の子供が行く学校に通い、そこでいじめられていたという。考えてみれば王のような子供は植民地時代の香港では稀ではなかったはずだ。ただ私の育った環境の中に彼のような子供がいなかったため、私の「混血児」に対する認識が長い間不十分なままだった。

　王の例を見ると一定の社会的条件のもとで特権を与えてくれる「白人」の「血統」が、異なる社会的文脈の中では反対に差別される理由となることがあるとわかる。私の想像でしかないが、幼少年期の王は、私が知っていた日本人「混血児」の同級生のことを羨ましく思っていたかもしれない。なぜならその同級生は「混血」のことを周囲に明かさず暮らすことができたが、王には外見の関係で同じ選択肢がなかったからだ。

　実は19世紀中頃、香港がイギリスの植民地になった当初から「欧亜混血児」（Eurasian）という人たちがいた。ほとんど例外なくヨーロッパ人男性と香港の中国系の女性との間にできた子供である。彼らの一部は「白人」の父親のツテもあって香港経済を牛耳っていた外資系の貿易会社の現地雇員になり、努力の末巨富を築いた。「欧亜混血児」一世であるこの人たちの子孫は、家族の資産をもとにさらに輸出入貿易だけではなく香港経済のあらゆる分野に進出した。19世紀末

になると、いくつかの欧亜混血家族は香港社会で確固たるエリートの地位を築き上げた。彼らは植民地の上流「白人」社会に完全に受け入れられたわけではないが（例えば「白人」専用の墓地を利用することや「白人」居住地であるヴィクトリア・ピークに住居を構えることは許されなかった）、準上流「白人」階級の待遇を享受していたのは確かだった。しかしこの人たちはあくまでも一握りの例外であって、「欧亜混血児」の多くは父親から特段の人脈や財産の恩恵を受けることがなかった。そのうえ重婚や同棲の場合が少なくないため、父親が認知してくれなかったとか、父親がいつの間にかいなくなったとか、苦境に陥る「混血児」も稀ではなかった。同じ「欧亜混血児」であっても、「白人」の父親の振る舞いによって——もちろん本人の努力も関係するが——人生の軌跡が大きく変わるわけである。「白人」の「血」を引いていることだけで、彼らは「白人」社会へ上昇する可能性もあれば、王のように「白人」社会へ近づくことができず、現地の人々から差別される羽目になった場合もある。こうして見ると「混血」という事実は一つだけの不変な意味を持っているのではなく、他の社会的条件と組み合わせることによって初めて現実的に意味づけられることがわかる。

「弾力的な市民権」

誰から見ても「混血児」ではない私は、たまに学生や同僚から、「あなたのアイデンティティは何ですか」と聞かれることがある。何回聞かれても私は答えに困る。答えられないわけではないし、何かを隠すつもりもないが、真面目に答えようとすれば話がややこしくなる。法律上、私の国籍はAではあるが、永住権も数えるとAに加えてBとCがある。もし過去に持っていたけれども今は返上した永住権も計算に入れるなら、EとFも加算しなければならない。Bには10年前から住んでいるが、Bに来る前にEにも10年以上住んでいた。しかし

この乾燥無味な情報は、果たして質問者が私について本当に知りたいことだろうか？

　では、アイデンティティを教育歴の視点から見たら、私はどんな人間に映るだろう？　私は高校を卒業するまでCで過ごしていたが、人生観を形成する大学の薫陶はBで受け、また研究者のキャリアに大きな影響を与える博士号はGで取った。教育で私のアイデンティティを決めるとしても、そのアイデンティティを一つのアルファベットで表記することはできない。それなら言語はどうだろうか？　特に大学関係者の間では、人のアイデンティティを決める重要な条件の一つは言語であるという考えが定着しているようだ。私の第一言語はWだ。両親との会話では普通Wを使うが、Xが混じることもある。キャリア形成に使用する言葉になると普段はYで論文を発表しているが、たまにZも使う。ごく稀にXを使うこともある。そして家庭ではほとんどZを使うが、Yがたまに混ざっている。こうして言語から見ても私のアイデンティティは一つのアルファベットに集約できない。この状況を見ると私のアイデンティティは、聞く人の目的によって変わっても仕方がない。言い換えれば、私は自分が何者であるのかと思うこととは別に、私を見る人の関心によって複数の私が存在するということになる。

　私が接している大学生と一部の研究者にとって個人のアイデンティティは不変なものであり、それを構成する要因として、言語と同じような重要性を持っているのは「民族」「血統」だと考えているようだ。しかし本当にそうだろうか？　これまで見てきたように一般に決定的要因とされる「血」の意味と重要性は自明かつ安定しているものではない。むしろ他の政治的、経済的、文化的要因と組み合わせて初めてその社会的作用が現実となる。次には私の経験からではなく、史料に記されている事例を紹介して、別の角度からこの点を説明したい。

　周知のように第一次日中戦争（日清戦争 1894-95 年）と日露戦争（1904-05 年）で大勝を収めた日本は、朝鮮半島を日本帝国に編入す

ることを、それまでになく急速に進め始めた。その結果は1910年当時の日本語の造語を借りると「日韓併合」であった。この年から朝鮮固有の政治体制が中断され、アメリカをはじめとする西洋先進国が認める日本の植民地となった。これまで朝鮮の人々は、ロシアと中国と日本との合従連衡を繰り返すことで国内政治の改革を図り、自国の独立を守ろうと努力してきた。こういう経緯もあって1905年以来急速に強化される日本の朝鮮支配を受け入れられないと思う朝鮮の人々は多数いただろう。彼らがとった抵抗行動はさまざまだったが、その中の一部の人々は朝鮮国籍を返上して、中国籍を取ることに決めた。朝鮮国籍を放棄しなければ、日本帝国の臣民になる運命を免れることができない。反対に中国籍を取れば自分の意思に反する国籍変更を強いられることがなくなる。そう考えた一部の朝鮮の人々は、中国の東北地方の中国官憲に自分は中国人であって、中国の国民になりたいと申し出た。その根拠として彼らは自分の先祖の中に中国から朝鮮半島に渡った人がいたと主張した。最終的に彼らが中国籍を取れたかどうかは、史料でははっきりわからないが、私にとって興味深いことは彼らがとった国籍選択の戦略とそれを裏づける理由である。彼らが自分は中国人と朝鮮人の「混血児」であることに、「日韓併合」という政治危機をきっかけに目覚めたわけだ。さらに、彼らはこの新しく「発見」した事実に基づいて、日本帝国が自分に押し付けようとする不利益の回避を図り、清国人としての権利を獲得することに動いた。彼らのこの戦略的な行動は、1990年代以来の移民研究の分野で流行言葉となった「弾力的な市民権」(flexible citizenship)という概念にピッタリ当てはまる。

　誤解のないように一言加えたい。弾力ある市民権は窮地に追い込まれた「弱者」だけが取る自己防衛の手段ではない。外的環境の変化に即して自分のアイデンティティを変えることは、移民、難民あるいはマイノリティに特有な行動様式と考えること自体が無意識の偏見になりかねない。マイノリティの人々が環境に機敏に適応するイメージ

が、彼らを「狡猾な他者」として烙印することにつながる危険性がある。実は人間ならだれでもこのように戦略的な行動を取ることがある。最近の例だが、イギリスのEU離脱が決まった時、一部のイギリス人はEUメンバーであるアイルランドの国籍を取るために、自分の家系にアイルランド人の先祖がいるかどうかを調べ始めたとマスコミの報道があった。アイルランド人は少なくとも戦前までイギリスでひどく差別を受けていたにもかかわらず、イギリスのEU離脱の影響で、EUで自由に就学、就職、居住などを継続したいイギリス人は、自分がアイルランド人の「混血児」だと主張して、アイルランド国籍を取るように動き始めた。ここで特に指摘したいのは、アイルランド人になりたいこれらのイギリス人の多くは、高等教育を受けて専門的な技術を持っている働き盛りの人たちであることだ。中には弁護士、会計士、多国籍企業の社員、国際公務員のような人も多くいた。彼らは弱小な社会集団に属しているとはいい難い。むしろ国際労働市場で強い競争力を持っているいわゆるグローバル人材である。この人たちこそ、国境を超えるグローバル市場経済の文脈の中で「弾力的な市民権」の魅力を強く感じているわけである。

　日本では国境を越える人々を「祖国を捨てた」人々と見る傾向がある。だから日本にいる外国人は、基本的に「かわいそう」な人々（国を捨てざるを得ない）か「功利的な」人々（金のためなら喜んで国を後にする）というふうに語られていることが多い。そのような外国人もいるだろうが、自分の意思で国境を越えられる人々こそ貴重な人材と見ることもできる。グローバル経済の中で自由に就職先を選び、居住する国を決められるのは高い専門的技能を持っている人々に限る。彼らは各国から求められる人材であるため、仕事の場所を東京やニューヨークで選ぶことができる。また5年や10年後にシドニーかジュネーブかへ転職・移住する選択肢もある。みんながみんな彼らのライフスタイルを真似る必要はないが、ただ「混血児」にしろ「移民」にしろ、人や社会条件によって苦悩のもとになることもあれば、成功

につながる要件となることもあることを記しておきたい。

参考文献

王向華「八佰伴的崛起與香港社會變遷」李培德編『日本文化在香港』香港大學出版社，2006, pp.151-173。

中央研究院近代史研究所編『清季中日韓關係史料（1864-1911）』第 1 卷 - 第 11 卷，中央研究院近代史研究所，1972。

星野博美『転がる香港に苔は生えない』文春文庫，2006。

Actor Anthony Wong finds family who never knew him, after BBC report. BBC 2018.3.27（2020 年 10 月 11 日アクセス）。

Brexit sends Britons seeking Irish passports up 22 percent in 2018. Reuters 2018.12.31（2020 年 12 月 26 日アクセス）。

Jacobson, Matthew Frye. *Whiteness of a Different Color*. Harvard UP, 1999.

Nakano, Yoshiko. Eating One's Way to Sophistication, Y. Soysal ed, *Transnational Trajectories in East Asia*. Routledge, 2015, pp.106-129

Ong, Aihwa. *Flexible Citizenship*. Duke UP, 1993.

Teng, Emma Jinhua. *Eurasian*. University of California Press, 2013.

7 帝国と性
性的耽溺の力学

帝国と「ハーフ」

　ある横浜生まれ育ちの「華僑」の回想によると、19世紀末の横浜大同学校（中国人学校）のある学級では、生徒の半分は日本人の母親と中国人の父親を持つ「相子<ruby>あいのこ</ruby>」だった。この証言に最初に出会った時に、私は日本にいる中国人移民、いわゆる「華僑」の中に母親が日本人である、半分日本人と見るべき人が思ったより多いと感じた。しかしそれ以上の意味を見出せなかった。その後、日本にいる外国人に関するニュースや研究に接するようになって、この人の両親にも「国際結婚」という言葉が当てはまるのではないかと考えた。さらに彼のような日中「混血児」は、なぜ一般に「ハーフ」で呼ばれることが少なく、たいてい「華僑」と位置づけられていたのだろうとも考えた。こうした疑問が何年か続いていた。そのうち彼のような日中「混血児」は、もしかして彼が生まれた1882年より前からいたのではないかと思うようになった。つまり中国人男性と日本人女性との「国際結婚」によって生まれた日中「混血児」は、1980年代に囃されていた国際化に伴って話題になった「ハーフ」より、また連合国占領下の外国籍軍人と日本人女性の間にできた「混血児」よりずっと早い時期に日本社会で暮らしていた。いや彼らはペリー提督とハリス領事が幕末の日本に押し付けた開国に起因する近代日本社会の一様相ではないのか、と私は意識し始めた。だが、日中「混血児」の歴史は自分が思っていたより長いことに気づいたにもかかわらず、この歴史がどのような世

界史的な意義を持っているかはわからないままだった。

　このようなもやもやした疑問が残る中、ある時 Ronald Hyam の論文を読んだ。イギリス帝国史家の彼は、「帝国は性的耽溺の機会を多く提供していた」（Empire provided ample opportunities for sexual indulgence）と指摘している。さらにこのような機会は帝国の「前線地でより顕著だった」（more obvious in frontier situations）とも述べている。西洋帝国主義の担い手である白人探検家、商人、航海者、軍人、役人、入植者などは、自分の立場の優位性を利用して世界各地で現地の女性を性欲の対象にしていたということだ。私の目が Hyam のこの文章に触れた途端、「帝国と性」はまさしく自分が模索していた視座ではないかと閃いた。前出の日中「混血児」が生まれた時代といえば、それは西洋帝国主義の最盛期ではないか。彼が生まれ育った横浜居留地は、これも西洋帝国主義が「極東」で開拓した前線地ではないか。そのうえ「国際結婚」にしても「混血児」にしても、その前提にあるのは男性と女性の性的関係ではないか。こういうふうにいってしまえば当たり前のことに聞こえるかもしれないが、Hyam が提示している帝国と性的機会の視点は、これまで自分が読んでいた日本にいる中国人移民に関する研究では出会ったことがないような気がする（もちろん不勉強のせいかもしれない）。私の印象では、日本「華僑」の研究は中国人と日本人の婚姻関係に言及することがあっても、帝国主義の文脈の中でそれを考察することはない。正式な夫婦関係以外に、西洋帝国の前線地でよく見られる事実婚（長期）、同棲（短期）、売春（その場限り）などの西洋人男性と現地の女性との関係も、中国人男性と日本人女性の関わり方に当てはまることを指摘する研究にも出くわしていない。要するに幕末・明治日本にやってきた中国人の歴史研究は、性の視点と帝国主義の視点を含まない「無色無臭」の研究と私の目に映る。

　歴史、とりわけ社会史は「色気」や「匂い」がなければ面白くないと私は思う——現実味がないからだ。「食色、性なり」という中国古典

の名句がいわんとするように、人間の営みの歴史を綴るには人間が人間である基本要件としての食欲と性欲を度外視してはならない。昔本屋で偶然に Alain Corbin の『においの歴史』（*The Foul and the Fragrant*）を立ち読みした時の感動は今でも覚えている。見えない、触れない、一過性的な匂いでも歴史研究のテーマになりうるのだと目覚めた。ひいては人間中心の歴史を再構築するには人間の感性と欲望を無視してはいけないと感じた。匂いの研究にせよ、性の研究にせよ、この認識が大事である。然るべき問題意識がなければ史料を読んでも歴史が見えてこない。もちろん問題意識があっても、それに応えられる史料がなければ、せっかくの問題意識も研究に実らず不発で終わってしまう。私生活史一般──例えば食事の歴史や育児の歴史──特に性に関しては史料が欠如している場合が多い。散らばっている史実のかけらを一つひとつ拾い集め、それを適切な歴史文脈において吟味するのが研究者にとってチャレンジでもあり、醍醐味でもある。

　来日中国人の史的研究に限らず、日本における「国際結婚」に対する一般認識や研究にはある傾向が見られる。例えば「外国人花嫁」という表現は、日本人男性に嫁ぐアジア出身の女性のことを指すことが一般的である。日本人男性と結婚するアメリカ人やイギリス人の白人女性に使うことはあまりない。これに対し国際結婚という言葉は、日本人女性と白人男性のカップルを連想させる。試しに国際結婚をキーワードとしてネットで写真検索をしてみたことがある。検索結果として、主に白人男性と日本人女性のカップルの写真が出てきた。『ダーリンは外国人』というシリーズ（漫画と映画）や『国際結婚一年生』のような解説書は、このステレオタイプに便乗しながら国際結婚の言説をいっそう増幅させている。個人の感情（「恋に落ちた」）と境遇（「国境を越える愛」）を超えた社会的次元からいうと、一般論として男女関係は男女それぞれが属する社会集団の力関係を端的に表している。占領下のアメリカン GI と日本人女性の関係がその一例である。バブル期の日本にやってきて風俗業で働いていたアジアの女性と、日本人

男性の関係も一例である。いずれも力関係が著しく不平等な状況の中に、優位性を持っている男性が劣位に立っている国籍の異なる女性を性の相手として引き寄せる、性のポリティクスのあるパターンである。同じように帝国・植民地という極端に不均衡な権力構造の土台の上で成立する男女関係も、それを生み出す不平等な社会の特徴を反映している。

「異民族」間の「親密」

　外国人と日本人の「親密」（intimacy）の史的研究を見ても、白人男性と日本人女性の関係が注目されることがわかる。近世の場合、古賀十二郎の『丸山遊女と唐紅毛人』と Gary P. Leupp の *Interracial Intimacy in Japan* の研究がある。いずれも豊富な史実に基づく労作だが、両方とも白人男性に焦点を当てているのが特徴である。南蛮貿易の時代から鎖国の時代を通じ、「唐人」の方が「紅毛人」よりもずっと数多く日本に来航していたにもかかわらず、「異民族間」の性的関係といえば、やはり白人と日本人の関係の方が研究者の関心を引く。近代史の研究においても、国際結婚が主に白人と日本人の間で行われていたかのような印象を受ける。しかし嘉本伊都子の研究によると、明治前半期では中国人と日本人の結婚届出件数は、諸外国人の中で一番多いという。数とは別に、ペリー来航以来、最初に日本人と正式に結婚を果たした外国人の国籍も断定し難い。イギリス人の方が早いという見方があるけれども、中国人はほぼ同時期に日本人との婚姻届を幕府に出したことを示す資料もある。どの国の人が一番早かったかという事実確認の作業より、むしろ次の点が日本における帝国と性の歴史を再認識するために重要だと思う。それは19世紀末から始まる日本帝国の急速な海外膨張が、アジア諸地域で日本人男性に性的機会を提供するようになる前に、西洋帝国主義がすでにその触手を日本まで伸ばし、「白人」、「黒人」、中国人などを含む諸外国人男性に日本人女

性との「性的耽溺」の環境を整備していたことである。

　白人男性と日本人女性の関係は先にも言及した先行研究に委ねるが、ここでは明治中期に来日した中国人男性と日本人女性の性的関係を窺わせる史料を紹介したい。これは『大河内文書』と名付けられた、旧高崎藩の最後の藩主である大河内輝声をはじめ、1875 年から 1882 年まで 70 回以上にものぼる日本人と清国外交官や文人との筆談である。その内容は公的交渉ではなく、友人の間の雑談である性質から、記録の所々に性に関する冗談混じりのやりとりである。これらを手がかりにして男性から見た女性、とりわけ中国人男性が見た日本人女性の「本音」に近づくことができる。残念なことにこの史料は女性の視点を含んでいない。これも「親密」の歴史を研究する時によく直面する史料の持つ限界である。

　『大河内文書』を読んでまず気づくことは、大河内輝声の中国人の友人が日本の遊興文化に何の抵抗もなくすぐに馴染んでいたことである。大河内に誘われて東京屈指の料理屋へ赴いたら、ほぼ決まって芸妓を呼んで興を添えたが、傍で給仕の女性の容姿まで品評している。料理屋で騒いでも物足りない時は、一行は遊郭へ赴く。料理屋へ行っても遊郭へ行っても、そこでは性に関する話がよく出てきて、エッチな冗談が飛び交う。また日本人に誘われなくても、中国人は自分で料理屋へ行ったり、芸妓を酒席に呼んだりして日本のおもてなしの文化を満喫していた。ある時横浜の中国人商人の一行は、芸妓と料理人を携えて八王子村まで遠出して酒宴を興じたことがあった。こうした日中友好・遊興の事例を見ると、当時両国の遊興文化は基本的に相通じているとわかる。そのためにこの類の日中交流は、ホストにとっても客にとっても十分満足できるように行われていた。

　二つ目にわかったことは、多くの中国人が日本人女性を「別嬪（ベッピン）」として抱えていたことである。この場合の別嬪は、中国人男性の住処に住み込み、男性の身の回りの世話をする上、性の相手も務める日本人女性のことだ。このような関係は「妾奉公」ともいい、一種の商取引

として制度化されていた。いわゆる「現地妻」である「妾」を求める外国人男性は日本人女性の親・親方と契約書を交わし当局へ届け出れば、公然かつ合法で女性と同棲することができる。契約書には、奉公の期間と女性のサービスに対する報酬が明記されていた。もし問題でも起きたら、役所に調停を求めることもできる。『大河内文書』によると在日清国公使館のトップは、ほとんど例外なく日本人別嬪を抱えていた。人によっては複数の別嬪を雇い入れ、あるいは彼女たちを頻繁に入れ替えていた。エッチな話に熱心な大河内輝声でも、さすがに一部の公使館員の「性的耽溺」ぶりを見て心配になったことがあった。ある時彼はいつもと違って真面目な語調で、別嬪は日本社会では「地獄」と呼ばれるほど卑しまれている存在であると、中国の友人に自制を勧めるにいたった。

　外国人のための遊郭の制度と妾奉公の制度は、鎖国時代から居留地時代を通じて機能していた、幕府と明治政府の外国人対策・おもてなしの一環であった。厳重な鎖国政策が全国に敷かれていた時代でも、長崎では丸山の遊女が出島のオランダ人と唐人屋敷の中国人を相手に商売し続けていた。横浜開港と同時に、幕府の政策として岩亀楼をはじめ外国人専用の遊郭が居留地のすぐ横に建てられ、営業し始めた。ここでは外国人なら国籍も肌色も問わず、みんな客として歓迎されていた。神戸にも1868年の開港を契機に、福原に外国人を対象とする遊郭が新設された。来日中国人と居留地に付属する遊郭との密接な関係は、開港初期の日本人にとって常識だった。これは当時の錦絵を見ればわかる。例えば二代歌川広重の「横濱 岩亀見込之図」という絵の真ん中に、辮髪姿の中国人と日本人遊女とが手をつないで岩亀楼という遊郭の廊下をそぞろ歩く様子が描かれている。また『新福原細見之圖』という書物の挿絵に、人力車に乗っている中国人が遊郭の正面を通るところが描かれている。そして、居留地時代の日本にやってきた中国人は遊郭の「忠実な客」（loyal visitors）であるという、開港初期の横浜に滞在していたオランダ商人 Assendelft de Coningh の証

言もある。

　『大河内文書』でわかった三つ目のこととしては、日本に来ている中国人の中に日本人女性と正式に婚姻することを希望する人がいたことだ。公使館スタッフの一人に、黄遵憲という日本の歴史にも文化にも強い関心を持っていた人がいた。彼は日本人女性を正式の妾にしたいと思い、大河内に相談したことがある。中国ですでに正妻を持っているけれども、日本駐在の機会を利用して日本人女性と縁を結び、帰国する時に連れて帰りたいということだった。彼は、自分の同僚のように期限付きで、名目だけの日本人「妾」を持つことを望まず、正式の結婚相手として剣道のできる華族の女性を紹介してほしいと大河内に打診した。黄の上司である副公使の張斯桂という人も同じ思いを抱いていて、大河内に相談したことがあった。黄とは違って、張は本国に妻がいないので、日本人女性と結婚して正妻として連れて帰りたいと思っていた。彼が望んでいるのもやはり華族の女性だった。さすがの大河内もこの二人の相談には困惑した。女性のことが話題にのぼるといつも饒舌になる大河内も、この時に限っては言葉を濁して相談に乗らなかった。中国人に嫁ぐ華族の女性はまずいないと、短く答えただけですぐ話題を変えた。

　しかし庶民の女性になると事情が違ってくる。中国人と日本人の事実婚は明治維新前から複数のケースがあった。先にも言及したように、日本人女性と外国人男性との結婚が日本政府に認められるようになるや否や、すぐにも婚姻届を出す日中カップルがあった。もっとも早いとされているのは、1867年5月付の香港上海銀行横浜支店売弁・孫少驤と武蔵国の農民与吉の次女おため（32才）との結婚届である。当時の居留地社会においては、孫のようなポジションに付いている中国人はエリートに属していた。孫は財力もあって社会的地位も高い外国人である。農民の次女、しかも30才を過ぎていたおためにとって、孫は願ってもない結婚相手だっただろう。40才の孫も当時では初婚の男性にしては年がいっている感もあり、おためは再婚の相手か

妾かと推定してもいいだろう。30才のおための年齢を考えれば、彼女自身も再婚になるかもしれない。当時の居留地は帝国の前線地であるため、そこでの人間関係も多種多様かつ変則的になりがちであることは想像できる。

　当時の法律では日本人女性が外国人男性と正式に結婚すると、女性は日本国籍を失い、男性の国籍に入らなければならないことになっていた。外国人の夫が日本を去る時が来れば、日本人妻も離婚しない限り夫に伴われ日本を離れざるを得なかった。戦前のシンガポールの日本人社会で古老格とされていた米屋ばあさんは、そういう日本人女性の一人だった。明治維新の前に日本で中国人と結婚した彼女は、夫に従ってシンガポールに転居した。「米屋」というのは彼女の日本名ではなく、コメ商人である夫の職業から転じた彼女の通称である。シンガポールの「からゆきさん」（海外で活躍する日本人売春婦）第一号といわれている日本人女性も、米屋ばあさんと似たような道をたどってシンガポールに来たと伝えられている。この女性は開国早々イギリス人と結婚した。そして夫が本国へ帰るのに伴って日本を後にしたが、不幸にも夫は帰国途中で急死してしまった。突然の貧困に見舞われたこの女性は生活に追われて売春婦に転じた。偶然シンガポールにたどり着き落ち着いたので、赤道直下のイギリス植民地における最初のからゆきさんとして知られるようになった。

　19世紀後半における日本の外国人居留地においては、外国人男性と日本人女性の関係は著しく不平等であったことはすでに先行研究に指摘されている。例えばピエール・ロチの小説『お菊さん』は、当時の開港場における白人男性とムスメやラシャメンと呼ばれていた日本人女性との主従関係を端的に反映している。主人公のフランス人海軍士官は、自分の長崎港滞在の期間に合わせて、10代の日本人女性を妾として雇い入れた。後の蝶々さんをテーマにした諸作品（歌劇、映画）とは異なり、『お菊さん』の中の外国人男性主人公は自分の所にきているムスメと恋に落ちることなく、淡々と彼女の妾としてのサー

ビスを受け、それに対し約束された報酬を支払ったという契約関係で終始した。この小説に見られる開港場における男（外国人）女（日本人）関係は当時の一般的な現状だった。同じ頃長崎港では、開港初期にロシア海軍士官を相手に商売をしていた日本人女性が多数いた。ロシア東洋艦隊の停泊施設が稲佐付近にあった関係で、ロシア人が常駐するようになっていた。そのうえロシアの艦船が寄港するたびに、特に越冬する際には何百人もの将校と水兵が上陸して宿泊していた。この外国人男性コミュニティの存在が19世紀末まで継続した結果、稲佐にロシア人「夫」と日本人「妻」が一時的に同棲する日ロ居住区まで出現した。

　日本の外国人居留地に来ている中国人は、白人から差別される立場にいながら、居留地に働きに来る日本人女性を性的搾取したこともあったと報じられている。例えば神戸の居留地については、次のような話がある。『兵庫風流帖』によると、外国商館に勤める中国人番頭は、居留地にある商館経営の工場に日雇いとして神戸近辺の村から働きに来る女性たちにとって絶大な力を振るう人物だった。この番頭たちの一部は自分の優越した社会的地位を悪用して女工に性行為を強要したという。自分だけではなく家族の生計もこの日雇い賃金にかかっている女工は、番頭の無理な要求も聞き入れるしかなかった。この性的搾取の経済構造は居留地に特有なものではなく、むしろ一般的な社会現象であったらしい。19世紀後半から20世紀前半にかけて多くの「奉公」する貧しい女性は、雇い主や工場管理人の性的暴力に屈従しなければならない羽目になったことが指摘されている。やや飛躍的になるが、日本の外国人居留地での男女関係の歴史を調べるに当たって、Rachel A. Feinstein の *When Rape was Legal* のような、アメリカの奴隷制度のもとで白人奴隷主が黒人女性奴隷に対して行った性的暴行の研究を想起せざるを得ない。奴隷制時代のアメリカに限らず、植民地時代のオーストラリアも、同様な支配と暴力が日常的に行われていた。白人の家庭で家政婦として働くアボリジニー女性は、男性マ

スターの性的暴力の被害に遭うことは例外的な出来事ではなかったといわれている。

「醜婦」、「雑婚」、「オンリー」

　西洋諸帝国は、日本の開港場で外国人男性に日本人女性と性的関係を持つ機会を提供しただけではなく、日本人女性の海外「輸出」にもその原動力となり、またそのインフラも用意していた。来日外国人の性的欲求を満足させるための遊郭・妾奉公の制度・慣習は、横浜、神戸、長崎などの水際にとどまることなく、西洋帝国の情報網と交通網を伝わって、北のウラジオストクから南のオーストラリアまで広範に行き渡った。19世紀後半の日本は、今でいう発展途上国の経済発展の段階にあった。近代的二次産業が未発達のため、輸出品は主に茶、石炭、生糸、銅、天産物などの原材料だった。これに並行して男性と女性も未熟練労働者として海外へ送った。大抵の場合男性は肉体労働に、女性は風俗に従事していた。娼婦として海外に連れ出された、からゆきさんと呼ばれるこの女性たちは、居留地の外国人に性的サービスを提供するムスメやラシャメンの延長線にいた。

　19世紀末、海外渡航する日本人の増加につれ外国での日本人のイメージをどう守るかという問題は、多くの日本人の関心を集めるようになった。とりわけ西洋人から中国人と同一視され差別されることがないように、日本政府も民間の識者も日本国・日本人の国際的体面を維持することに腐心していた。この文脈の中でしばしば取り上げられたのは、海外にいる日本人「醜婦」の問題である。醜婦とは売春婦のことで、ここでは海外にいるからゆきさんのことを指す。東南アジアでは、シンガポールがからゆきさんの集散地として有名だった。日本からここに連れてこられた売春婦の一部は、当地の日本人売春街に売り飛ばされ、残りはさらに奥地であるマレー半島や蘭領インド諸島に点在する町に連れて行かれた。山崎朋子の『サンダカン八番娼館』は

この話を綴っているものである。当時の醜婦追放の言論を見ると、この不幸な女性たちを憐れむ視点もあるが、国の体面を守るのが一番の動機だと読み取れる。人身売買の被害者を救済するより、日本人売春婦の「醜態」が外国人に晒されることによって海外を闊歩する日本の紳士淑女の名誉が損われてしまうことが懸念されていた。からゆきさんの相手は白人だけではなく、中国人も、「肌の黒い人」もいることは、一部の日本人廃娼推進者にとって堪え難いことでもあった。

　日本帝国の役人と識者の関心を引く外国へ渡った日本人女性は、からゆきさんだけではない。明治後期から昭和初期にかけて、中国人妻として「誘拐」されて中国へ「連行」されたとされる日本人女性の話は、時として日本の大衆の猟奇的心情とナショナリズムを煽っていた。David Ambaras の研究によると、この類の記事・噂には共通した筋書きがある。貧しくて無知な日本人女性は、不良中国人男性の口車に乗せられて中国へ渡った。向こうでは困窮に陥って帰国したくてもできない、あるいは阻まれている状態だという。今ではこれは一種の都市伝説ではないかと疑問視する人もいるだろうが、当時の日本政府はこのような「被災」女性の救出に動いていた。大抵の場合、こうした女性の所在を特定できず、あるいはせっかく連絡が取れても本人は帰国を希望しないという結末だった。本当に騙されて中国へ連れて行かれた女性もいたかもしれないが、噂されていたほどの誘拐・人身売買といった社会問題は存在しなかったそうだ。だとすれば、このような話はアメリカの「インディアン女性誘拐物語」（Indian captivity narratives）の日本版と理解してもよかろう。実話でなく比喩だと理解すれば、この類の話は実際の犯罪を暴くというより、他者を疎外する言説としての意義が大きいと考えられる。

　『敗北を抱きしめて』（*Embracing Defeat*）と題する日本の戦後占領期の歴史を綴る大作がある。マサチューセッツ工科大学の日本史家John Dower のピューリッツァー賞受賞作で、岩波書店から日本語訳が出版されている。この本の表紙デザインは二通りある。ペンギン社

の英語版の表紙写真には、着物姿の女性二人が滑走路の脇に立って、着陸したばかりと見える米軍用機を出迎えに来ている場面が写っている。画面に建物も他の人間もいないので全体に寂しい感じはするが、着陸したばかりの軍用機は写真に動感を与え、若々しい女性二人も荒涼とした飛行場の風景に生気を吹き込んでいる。この表紙写真は本のタイトルが示唆する敗戦日本のパラドキシカルな立場を性のポリティクス——「性治学」ともいえるだろうか——の角度からアイロニカルに捉えていると思う。他方、日本語訳の上巻の表紙写真には、一人の復員兵が広大な焼け野原に向かってとぼとぼと歩いていく様子が見える。下巻の表紙写真は東京裁判の被告たちの一部を写している。日本語版の表紙写真は敗戦日本の一端をよく表しているが、本の題が含んでいる肝心のアイロニーが欠如している。そのため占領と降伏への性的力学の視点も欠落している。日本語訳の表紙を見た時、これは「無色」の歴史の表象だと直感した。

　ある時、山口市に用事があって、途中下車の形で岩国市に立ち寄ったことがある。友達の紹介で、地元の退職している方が親切に車を出して町を案内してくれた。会話に米軍基地の話が出てきた。基地のあれこれを説明し始めたこの方は、外国人の私に「オンリーってわかりますか？」と親切に確認を求めた。それはアメリカ兵の日本人ガールフレンドのことと思い出し、すぐ「はい」と返事した。おかげで話は逸れることなくスムーズに進んだ。その時 Dower の本を読んでおいてよかったと思った。確かに「アメリカ皇帝」（American Caesar）マッカーサー元帥による近代日本の二回目の「開国」は、ペリー提督がもたらした一回目の開国時と同様に、日本にやってくる外国人に多くの性的耽溺の機会を与えた。俳人として知られている西東三鬼は、占領下の神戸に出現したアメリカ兵の接待所で掃除人として働いていた時期があった。彼が一番困っていたのは詰まったトイレの掃除だった。しかもトイレは頻繁に詰まっていた。その理由は接待所に「休養」（recreation）しに来たアメリカ兵が毎日のように大量のコンドーム

をトイレに流していたからだ。西東の体験は「アメリカ帝国」が日本という占領地・前線地にトイレが詰まるほどの性的耽溺の機会を帝国の尖兵に保証していたことを如実に物語っている。

　20世紀前半における日本帝国の目まぐるしい膨張は、人々に19世紀に西洋帝国主義が日本の開港場まで迫ってきたことを忘れさせる効果がある。日本帝国が日本を中心とする地域秩序を築き上げることができる前に、日本列島に点在する開港場・居留地は西洋帝国主義の前線地だったことを今、もう一度確認する必要がある。そうでなければこの前線地日本での外国人男性と日本人女性との「親密」を語る時に、肝心な西洋帝国主義の文脈が忘れられてしまう。なかんずく中国人男性と日本人女性の「親密」が、西洋帝国主義が助長する「性的耽溺」のもう一つの形態であることは見落とされがちである。

参考文献

王宝平編『日本藏晩清中日朝筆談資料：大河内文書』第1冊－第8冊，浙江古籍出版社，2016。

嘉本伊都子『国際結婚の誕生』新曜社，2001。

小山騰『国際結婚第一号』講談社，1995。

西東三鬼『神戸・続神戸・俳愚伝』毎日新聞出版，1977。

添田仁「神戸外国人居留地と福原遊女・新撰組」『海港都市研究』5，2010，pp.75-87。

細井和喜蔵『女工哀史』岩波文庫，1980（初版　改造社，1925）。

中里機庵『幕末開港綿羊娘情史』赤炉閣書房，1931。

中条直樹・宮崎千穂「ロシア人士官と稲佐のラシャメンとの"結婚"生活について」『言語文化論集』23（1），2001 pp.109-130。

南洋及日本人社編『南洋の五十年』南洋及日本人社，1938。

Ambaras, David R. *Japan's Imperial Underworlds*. Cambridge UP, 2018.

Collingwood-Whittick, Sheila. Involuntary Service, *Texts and Contexts* 12 (2), 2017.

De Coningh, C. T. Assendelft. *A Pioneer in Yokohama*. Hackett, 2012.

Ferguson, Niell. *Colossus*. Penguin Books, 2005.

Hyam, Ronald. Empire and Sexual Opportunity, *Journal of Imperial and Commonwealth History* 14 (2), 1986, pp.34-90.

Manchester, William. *American Caesar*. Little Brown, 1978.

8 帝国と食
食のポリティックス

耐え難い中国料理

　父は、1960 〜 70 年代に仕事で、アメリカをはじめ西欧、北欧、東アフリカを度々訪問していた。日本にも二回ほど出張したことがある。当時、私の周りでは父ほど世界を見てきた人はいなかった。みやげ話として、ジュネーブの町の綺麗なことやヨセミテ国立公園の自然の雄大なこと、ケニヤの野生のサイとキリンの奇抜な風格などいろいろと聞かされた。まだ小学生だった私は話の内容をどれくらい理解できたかわからないが、話を聞いただけで——いや持ち帰ってくれた機内食のバターロールとジャムとナッツを食べたことで——気が大きくなって、まるで自分の目で世界を見てきたような気分になった。しかし子供心に一番インパクトがあったのは、スイスの風景やアフリカの動物ではなく、食事の話だった。それもおとぎ話のような美しい話ではなく、父が海外で「辛酸」を舐めた話だった。

　外国の行く先々で、父は現地の友人や知人に案内してもらうことが多かった。アメリカの場合、ミネソタ州、サウスダコタ州、アイオワ州などでは、家が広いからか自宅に泊めてくれたこともあった。父によると、アメリカへ行く時に一番困っていたことは現地の中国料理だった。友人は父を歓待するつもりで、ほぼ決まって地元の中国レストランに招待するのだった。味覚が保守的な父にとって、アメリカの「不味い」中国料理を努力して食べることが要求されるだけではなく、礼儀として食事中に「美味しい」と褒めなければならないことが苦手

だった。本人にしては「不味い」中国料理より食べ慣れない西洋料理の方が喉を通りやすかった。食べ物が豊富に溢れているアメリカを旅した後、決まって痩せて帰ってくる父は、家族の笑い物になっていた。今思えばもし出張先が「美味しい」中国料理を食べられるニューヨークやサンフランシスコのようなチャイナタウンのある街だったら、このような辛酸を舐めることなく出張は済んだだろう。

　海外出張中の食事の不自由をなんとか乗り越えようとした父が考案したのは、大好物の自家製醤油漬け唐辛子をガラス瓶に詰めて、外国へ持って行くことだった。唐辛子があればパンでも、パスタでも、まして「不味い」外国の中国料理も美味しく食べられる父にとって、これは妙案だった。この秘蔵の唐辛子のおかげで、海外出張のツラさがかなり減ったようだ。またこの秘密兵器を外国の友達に舐めさせてびっくりさせることも、本人にとって異文化交流のネタとなっていた。しかし、あるアメリカ出張の時、しかも年上の親しい友達の家でホームステイした時、この家の冷蔵庫に一時的に置かせてもらっていた大事な唐辛子が、ある日なくなっていた。旅先での食生活を直撃する出来事なので、すぐ友人に尋ねた。すると彼の奥さんが、自分が捨てた、と答えた。醤油漬けの唐辛子を食べたことのない奥さんは、父がそれを美味しそうに毎日欠かさず食べているのを見て、自分も味見してみたところ、その辛さにびっくり仰天して、これはとても人間の食べ物ではないと思い、ゴミ箱に捨てたのだと説明した。悲しそうな表情をした父に、奥さんはまったく謝る気はなく、反対にそのようなものを食べたら体に悪い、捨てたのはあなたのためだと言い張った。その1か月あまりのアメリカ滞在は、食生活の面では最低だったと父は回想していた。この話とさっきの痩せる話が家族の中で一番よく語られた逸話となった。60年代の香港ではとにかくアメリカへ行きたい人が多かったが、父だけは食事の理由で、アメリカに限らずすべての海外出張が苦手だった。

食の文化摩擦

　1960～70年代に西洋へ行った香港の人の一部は、食事に不自由を感じていた。これに対し西洋人の一部は、中国の食文化への認識が不十分などころか軽蔑さえしていた。無論これは一般論である。植民地香港や元植民地シンガポールのような国際大都会では、本物の西洋料理に馴染んで喜んで食べる中国人もいれば、中国の食文化に精通していた西洋人もいただろう。しかし過去200年における西洋と中国の交渉の歴史を振り返ると、どうしても食文化の衝突は目立つ。文献をつまみ読みした感想として、この食文化摩擦は特に19世紀半ばから顕著になったような気がする。主な理由は大規模な移民から生じる「人種」間の軋轢だっただろう。1849年から始まったカリフォルニアのゴールドラッシュをきっかけに、多数の中国人はサンフランシスコに渡航して、そこからさらに内陸各地へ分散していった。この大量かつ廉価な労働者の到来は容認あるいは歓迎される場合もあったが、彼らを敵視し、危害さえ加える事件が年月を重ね頻発するようになった。こうした中国人に対する差別と暴行が西海岸を中心に繰り返される中、1882年にアメリカの国会は最初の中国人排斥法（Chinese Exclusion Act）を可決した。当時のアメリカ社会全体を巻き込んだ怒涛のような中国人排斥は、政治的、経済的、文化的な要素を持ち合わせていた。排斥論の中には中国人は消費者としてアメリカ経済に寄与していないという批判も含まれていた。具体的に中国人労働者は生活費を抑えて本国への送金額を増やすために、主食から副食と調味料まですべての食材を自国から調達していたと非難されていた。確かに当時のカリフォルニア州やネヴァダ州では、現地で入手できるビーフや缶詰の方が中国から輸入された米と豆腐と雑魚より割高だった。しかし値段だけが問題ではなかったような気がする。中国人の食べ物の嗜好も彼らの消費行為を左右したはずだ。

　そもそも外国人が滞在先の料理や食料品を敬遠し、自国のものを輸

入して食用するのは悪いことだろうか？　この問いかけの背後に、私には60年代の香港にきていた西洋人宣教師の生活様式の記憶がある。戦後すぐから1970年代半ばまで、香港には貧困者が大勢いた。彼らを支援するために共産主義の中国から締め出された外国人宣教師が狭い香港に集中していた。彼らは布教と共に医療、教育、福祉の分野で活躍し、現地社会に貢献していた。どうしてこの人たちはこんなに他人に奉仕できるのかと子供の私は不思議に思っていた。もう一つ、幼い自分が感心したのは、街から外れたところにある彼ら・彼女らの家へ行くと見たことはあっても食べたことのない、あるいは稀にしか食べられない——ケロッグコーンフレーク、バタークッキー、コンビーフ、キャンベルスープなど——外国の食べ物ばかり置いてあったことだ。英語を話せないけれども、外国人宣教師の家へ遊びに行くのが楽しみだったのは、珍しい外国のスナックを食べさせてくれたからだ。当時は何の疑問も感じなかったが大人になってから、外国人宣教師は仕事の場では現地の人々と行動を共にしていたのに、なぜ食生活になると完全に自分たちの世界に引きこもっていたのかと思うようになった。この「食の引きこもり」がいいか悪いかは別として、カリフォルニアへ渡った初期の中国人移民の食生活と、戦後の香港に住んでいた外国人宣教師の食生活と並べてみることができるようになってから、人間が自分の食の好みにこだわることは当然なことであり、それを咎めることもできなければ、弁明する必要もないという意識を持って、史料を読むようになった。

ネズミ食い

19世紀の中国人に関する英語の著述の多くは、中国人がネズミを好んで食べると言及している。餓死寸前の人が生き延びるための最後の手段として仕方なく食べるのではなく、食べ物に困らない人がそれを珍味として重宝するという。これは当時の英語圏の世界では揺るが

せない常識となっていたようだ。開国を江戸幕府に迫ったあのアメリ
カ海軍のペリー提督も、この中国人の特有な嗜好を自分の目で確かめ
たかのように日本遠征の公式報告書に記している。一回目の日本への
航海前の準備期間も、一回目と二回目の間の待機期間もマカオに滞在
していたペリーは、報告書の中に中国人の気質について権威ぶった口
調で所見を披露している。多数の中国人に接し、彼らをよく観察して
いたと自負するペリーは、中国人がとても器用でかつ信頼できる——
保証人をきちんと付けておけば——との評価を下している。ところで
この概ね肯定的な意見に付随してくるのはネズミ食いの「証言」であ
る。これによると一部の中国人にとって、至福の味として「肥えてい
るネズミ」を超えるものはないという。しかしペリーは中国人がネズ
ミを賞味しているところを目撃しただろうか？　それはちょっと考え
にくい。遠征艦隊の司令官、アメリカ大統領の特使という矜持を大事
にしていた彼は、マカオで中国人がネズミを食べている場面に出くわ
した可能性はゼロに近いだろう。むしろペリーは、当時の西洋の「常
識」を自分が東洋で得た「知識」として報告書で再生産した可能性の
方が高いと思う。

　中国人のネズミ食い説は、開国に伴って日本にも伝わった痕跡があ
る。興味深いことにこの言説が日本では西洋ほど拡がらなかったこと
だ。1883年10月30日の『開花新聞』に東京の中国料理店「偕楽園」
に関する記事があった。その中に「ネズミの天ぷら」という表現が見
られる。全体としてこの記事から偕楽園の開店を報じることと、中国
人・中国料理を揶揄することとの二つの意図が読み取れると私は思
う。もしこの読みが正しければ、この記事は本気にネズミの天ぷらが
中国料理の一品であるとは報道しているわけではなく、やや意地悪い
冗談をいっただけのことになる。もう一つ注目するべきこととは、ネ
ズミの天ぷらがもともと日本ではお稲荷さんの大好物と伝えられてい
て、中国人とは特に関係がなかったことである。この記事の中にネズ
ミの天ぷらが中国料理と結びついたのは、開国の影響で西洋の言説と

日本の伝説が偶然に合致したからだろう。体系的に調べたわけではないが、明治・大正時代の中国人論に留意してきたにもかかわらず、ネズミ食い説はこの記事以外に見たことがない。中国料理が風変わりな食材を使用するというイメージは日本でも強いが、ただそれはマイナスポイントとしてではなく、むしろプラスポイントとして取られていたように思う。

「近代的」な中国料理

　19世紀における西洋の差別的な中国人観に大きく影響されていた日本人は、中国料理だけに関してそれに左右されることなく、独自の認識を持っていた。書物、新聞、雑誌の中で「辮奴」（ベンド）や「豚尾」などの蔑称が中国人の代名詞として平気で使われていた幕末・明治の日本では、中国料理だけが近代化に熱心だった日本のエリートによる攻撃の標的にならず、反対に賞賛と模倣の対象とされていた。多くの料理研究者が指摘したように、明治時代の日本人がもっとも羨望していたのは西洋、特にフランス料理だった。しかし見過ごしてはいけないのは、西洋の食文化のみならず、中国の食文化も「近代的」であり、日本人が学ぶべき点を多く持っていると評価されていたことだ。植民地台湾の教育官僚だった伊澤修二は、1897年に東京で開かれた内地雑居に関するある討論会で、中国人の食事と日本人の食事を比較した。彼によると「最下等の支那人」（非熟練労働者）でも「一日に一遍は肉を食わぬ者は無」く、必ず豚、鳥、鴨などを食べる。これとは対照的に日本人労働者は「飯に香物（ダ）丈け」を食べるので、「食の一点に於いては支那人の方が確に高い」と断言した。同席していた経済学者田口卯吉も、「香物だの汁を食って居るのは是は世界の最下等でございます」と同調した。

　第一次日中戦争（1894〜95年）後、国際政治の舞台で帝国として本格的に振る舞うようになった日本では、愛国主義と膨張主義が高揚

して、国民の対中国意識も大きくマイナスの方に傾いたとよく指摘されている。しかし中国料理は非難と軽蔑を免れただけではなく、日本のエリートたちから評価し続けられていた。谷崎潤一郎の短編小説『美食倶楽部』に見られる中国料理に対する誇張な描写が示すように、大正期における「支那趣味」の一環はまさに中国料理に関する猟奇趣味である。

　昭和に入って日中関係がさらに険悪になっても、中国料理の評判は低下することはなかった。1933年に刊行された『家庭実用支那料理』は、「西洋料理でも日本料理でも（中国料理）の影響を受けていることが甚だ大」とした上、「支那料理は世界料理の母」とまで褒めている。さらに「支那料理は材料にも珍品多く、味付けも繊巧であり、材料に無駄なく、且つ衛生的である」と絶賛している。アメリカで勉強した後、栄養士として日本の陸軍に勤めていた満田百二は、日本料理は西洋料理と中国料理に比べ、固有の特色はあるけれども、栄養学の見地から見逃せない欠陥があると断じていた。中国料理はしっかりした調理法を持っているのに対し、日本料理は「古来より（中略）形式と儀礼に束縛せられ、反って実質の調理法に空虚を来したる」と彼は主張していた。

　第二次大戦が終わり、高度経済成長を遂げた日本はようやく日本料理に対する評価を根本から見直し始め、つい20世紀の末にその価値を全面的に肯定するようになった。しかし忘れてならないのは、この戦後の頂点に至るまで、明治から昭和にかけて儀礼と審美の点を除けば、中国料理の方がずっと日本料理より高く評価されていた歴史があったことである。文献を多少かじった程度だが、私にとって戦前の比較食文化の思想を見落としている今日の一辺倒の「世界遺産・和食」礼賛は、いまひとつ説得力に欠けていると感じざるを得ない。

大衆中華

　戦争に負けた日本帝国が崩壊した結果の一つとして、中華料理が国内で大きく発展したとよくいわれている。この説によると中国大陸から引き揚げた百万を超える軍人と民間人は、帰国してからも中国で覚えた味を求めて、大衆中華をサポートする広大なファン層を形成したという。大衆中華は戦後の闇市の食文化をもとに、戦前の「支那そば」ブームの流れも汲んで、ついに餃子ブームやラーメンブームを引き起こし、低価格の定食を中心とする「町中華」を全国に浸透させたといわれている。これはちょっと歴史を単純化していると思うけれども、ここではあえて検証することとしないことにする。それより別の角度から二点を補足したい。

　まず、植民地台湾の固有文化を「旧慣」や「陋習」と決めつけがちだった日本人植民地エリートが、台湾料理に関してはさほど抵抗なく受け入れていたことを指摘したい。前述の伊澤発言もそうだが、台湾総督府の招待で全島旅行を果たしたアメリカ人の体験談もこの点を裏づけている。実験農場、「蕃人」（台湾島の原住民）集落、温泉など植民地当局の自慢するところにばかり案内されたこの外国人上客は、複数の宴会にも招待された。日本料理の他、豪勢な台湾料理も出たことが私にとって興味深い。植民地統治者として台湾に君臨していた日本人官僚と民間人は、在来宗教、「本島人」の性格、伝統産業、土地制度、家族習慣法など何でも「整理」や「改良」の対象にしてしまう傾向があったのに、島の料理だけはケチをつけることなく、反対に堪能していた。論理的に飛躍するかもしれないが、これはイギリス人が「後進的」と見下していた植民地インドからカレーを自国の料理のレパートリーに取り入れたことに類似している気がする。今日のイギリスでは、カレーは日常食の一環となっているのに対し、日本では台湾料理を含む「町中華」も同様な地位を確保している。

　もう一点は、植民地朝鮮で中国庶民料理が発達していたことであ

る。朝鮮総督府が発行した中国人移民の調査報告書は、植民地での中国料理屋の繁盛ぶりに触れている。中国料理も中国人の食生活もこの調査の主な対象ではなかったが、報告書は京城にある高級中国料理店は日本人客で賑わっていると言及している。これは面白い事実だが、より興味深いのは低価格で食事を提供し、もともと中国人消費者を対象にしていた中国料理屋も屋台も、低収入層の日本人の間で人気が出始めたという記載である。この二つの断片的な記録を総合すると、日本人役人と駐在組は高級中国料理屋、小資本の商人と自営業の職人は大衆中国料理屋・屋台を利用していたという朝鮮半島での中国料理業の構図を窺える。このような植民地に渡った日本人の中国料理に対する幅広い支持が、戦後の引き揚げによって日本に渡ってきたわけだ。台湾と朝鮮の例を見ると帝国の膨張もそうだが、その崩壊も世界の食文化の移動と密接に関係していたと気づく。

「葡国鶏飯」
ポーゴッガイファン

　The Columbian Exchange という概念が打ち出されてから早くも50年になる。それはヨーロッパ人の「新大陸発見」をきっかけに、新旧大陸の間で全人類の歴史に影響を及ぼしたような人的、物的、生物的な交流が行われ始めたという考えである。この概念をさらに一般化すれば帝国の拡張は人間、物、生き物、文化の新しい流通ルートを作っただけではなく、流通量も大きく増幅させたといえる。意識していない人もいるだろうが、この新旧大陸の交流は私たちの日常の食生活に影響を与えている。例えば、世界中の多くの人々の健康を害しているタバコは「新大陸」の産物である。他にも身近な例としてトマト、サツマイモ、唐辛子などがある。トマトといえばイタリア料理を連想する人が多いだろうが、実は「新大陸」が発見されるまでイタリア料理にはトマトが使われていなかった。サツマイモもそうだ。大学生の時に鹿児島の農家にホームステイしたことがある。2週間の間にいろ

いろ見聞したが、一つ教わったことは鹿児島では「サツマイモ」（薩摩芋）のことを「カライモ」——つまり「中国の芋」——と呼んでいることだ。しかし源流をたどればスイートポテトは中国原産ではなく、「新大陸」原産である。中国経由で薩摩藩に入って、そこから日本全国に流通したそうだ。唐辛子に至っても同じだ。原産地は「新大陸」であるが、日本ではその源流を無視したかのような言説が流行している。例えば、四川料理の辛さについて日本ではだいたい次のように説明されている。「四川省は山が多いため『山の匂い』がキツイし、冬が寒いし、それに湿気も高い。だからそこの住民は料理に唐辛子をたくさん入れて、その厳しい自然に対抗できる体力を与えてくれる食文化を生み出した」という。仮にこの説明が正しいとしても、それは唐辛子が「新大陸」から中国に持ち込まれた後の話であり、その前の四川料理の説明にはなっていない。コロンブスがアメリカを「発見」する前の四川省の住民は、唐辛子を食べずに「山の匂い」と盆地の寒気と湿気にひたすら耐えていたというのだろうか？

　このように私たちは自分が常食しているものが、帝国の歴史と密接な関係があることに気づかない場合が少なくない。香港の学校では日本のような給食制度がない。昼食の時間になると学生が校内にある売店で各自スナックを買って適当に食べるか、そうでなければ学校の外へ行って屋台かレストランで食べてくることになっている。中学高校生時代の私も毎日のように二、三人の同級生と一緒に昼ごはんを食べに行っていた。屋台ではチャーシュー丼とかローストポーク丼を注文することが多かったが、西洋料理のレストランへ行く時はほぼ決まって定食を頼んでいた。どこの西洋料理のレストランでもメニューはだいたい同じで、ポークカツ、魚フライ、ビーフカレー、チキンカレーが定食のメインになることが多い。ある時たまたま入った店のメニューに「葡国鶏飯」（ポルトガル風チキンライス）という定食があった。普段と違うものを食べてみたいと思って注文してみるとチキンカレーが出てきた。どこがポルトガルかと思ってがっかりした。でもコ

コナッツミルクがたっぷり入っていてカレーが香ばしかった。それから何度も違うレストランでこれを食べていた。ある時、友達に聞いてみた。何でポルトガルというのって。それはマカオからきた料理だからと友達が説明した。なるほどマカオはポルトガルの植民地だから、マカオの料理は「葡国」という識別マーカーがつくのだと一応納得した。あとで気づいたが、なぜカレーがポルトガル料理になるのだろうか？ カレーの本家本元はインドではないのか？ 疑問は残っていても、それ以上追究しなかった。

　それからだいぶ年月が経って、仕事でシンガポールに暮らし始めてから5、6年も経過したある時にふと思いついた。ポルトガル人は16世紀にマカオにたどり着いた時、すでにマレー半島のマラッカとインドのゴアを植民地として経営していたのではないか。マカオのチキンカレーは、ポルトガル人が遠い本国からマカオに持ってきたのではなく、ゴアかマラッカから持ってきたものに違いないと思った。しかしそう思っただけで、葡国鶏飯は果たしてそういう歴史を持っているかどうかは調べなかった。実はどこから調べ始めたらいいかわからなかった。ただ推論としてはなかなか説得力があるのではないかと自分では納得している。

　シンガポールに暮らしていた時に毎日実感していたのは、大英帝国が現地の食文化にいかに大きな影響を与えていたかということだ。というのは毎日昼食の時間になるとマレー料理、インド料理、中国料理、そして西洋料理の選択肢がある。混んでいる時は屋台をやめて、冷房がキンキンに効いたクラブへ行く選択肢もある。マレー料理はシンガポール在来の住民であるマレー人の料理に対し、インド料理も中国料理もイギリス人がシンガポールを植民地にした後に、インドと中国からの移民が持ち込んだものである。そしてクラブというものはイギリス人が本国から持ってきた排他的な社交的組織であり、そこでメンバーは軽食から正式な食事と晩酌まで楽しむことができる。こうして毎日の昼食にはシンガポールに凝縮された大英帝国の歴史の「後味」

を味わうことになる。私はだいたいインド料理もしくはマレー料理を
食べていた。それが美味しいと思っていた上に、合理的な理由もあっ
た。中国系住民が大多数を占めるシンガポールでは、中国料理の店は
混んでいる時でも、インド料理とマレー料理の店は空いていることが
多い。後者を選ぶとすぐ座れてすぐ食べられる。このように店の混み
具合によって違う民族の料理を食べるのは、シンガポールでなければ
実践できない食においての「弾力ある市民権」の運用であろう。

食の「新帝国」

　第二次世界大戦後、公式帝国は没落したが、その代わりに「新帝国」
が台頭したとよく指摘されている。戦前の帝国が武力に頼って植民地
の獲得と経済進出を果たしたとするならば、戦後の帝国の特徴は経済
力に頼って経済的支配を伸ばし、資源の収奪を加速化していることで
あろう。一見、政治とは縁がないと思われる食生活においても、新帝
国の出現に便乗して、加担もしている。

　香港の海鮮料理は世界的に有名だ。味がよい上に素材の種類も豊富
である。特に観光客に視覚的なインパクトを与えるのは店頭の生け簀
である。西貢や鯉魚門のような海鮮料理店の集中地・激戦地では、生
け簀が看板の代わりに集客の主役となっている。大きい店の場合、生
け簀の数は数十個もある。水槽の中の魚、エビ、カニなどを蛍光灯と
スポットライトで皓々と照らし、水族館にも勝るような彩りと活気を
見せている。生け簀の王者がいるとしたら、それは1匹20キロにも
及ぶ巨大グルーパ（ハタ）であろう。ガラス越しにさらに魚体が大き
く見え、魚というよりミニ潜水艦に近い体型を持ち、ゆっくりと水槽
の中を回転する――泳ぐほどのスペースはない――この怪物は、イン
ドネシアの海に生息し、絶滅の恐れがある希少魚種といわれている。

　このさまざまな食材の出どころを考えると、香港のあちこちにある
生け簀の中身は一つの海鮮料理帝国を具現化していることがわかる。

手のひらくらいのサイズの巨大アワビは南アフリカ産（日本産とオーストラリア産もある）、拳より大きい geoduck（アメリカナミガイ）はカナダ産、ロブスターはニューイングランド産、タラバガニはアラスカ産、カニは東南アジア産、天然魚も東南アジア産が多い——というふうに、香港の海鮮料理店の生け簀の中には世界の海が凝縮されている。活気溢れる水槽を眺めていると、植民地時代のロンドンやアムステルダムの埠頭に世界からコーヒー、砂糖、クローブなどが集中してきた光景が見えてくるような気がする。近代帝国が資源を獲得する過程の中で世界各地の現地社会とその環境をめちゃくちゃにしたのと同様に、香港の海鮮料理帝国もその破壊力——乱獲と密輸とそれに絡まるギャングの活躍と役人の汚職——を地球の果てにまで及ぼしている。

　ところで日本の胃袋の方が香港のそれよりずっと威力があるのではないかと思う。日本の方が人口も多いし、経済の規模も大きい。そのうえ、食料の自給率が著しく低い。一人1万円前後のすしを食べに行くと、出てくるマグロはアイルランド産かボストン産のものである。スーパーではアルゼンチン産の生食用の大エビが売られている。業務用スーパーへ行くとブラジル産の豚肉が置いてある。日本の食料自給率はカロリーベースで40パーセント前後しかないということからも、日本人の食生活を支えている、日本を中心とする食のグローバルネットワークが存在していると容易に想像できる。欧米ではコーヒー、カカオ、アボカド、豚肉、牛肉などの食料の国際的生産と販売が環境団体と人権団体から厳しく批判されている中、日本の食の国際流通網だけが例外的に健全だと言い切れるだろうか。オホーツク海のカニとサケの乱獲、世界中のマグロの不漁、公海での捕鯨の是非などの問題は、日本人の胃袋と直接な関係があるとよく指摘されている。無論この問題は香港や日本だけに限らないグローバルな問題である。どの社会においても人々の食生活が豊かになるにつれ環境破壊と経済格差が拡大・悪化することは、一般的に見られる現象である。

　公式帝国が滅んでも、「新帝国」は現れる。経済先進国・地域にお
ける飽食とグルメ化現象は、グローバルな食の生産、貿易、販売の
「新帝国」の出現をもたらした。ひと昔の帝国と同じように、食の「新
帝国」も環境、人権、格差などの問題を生み出し、悪化させている。
しかし同時に、嗜好、食材、調理法、料理ジャンルの国際的伝播を促
すことによって、世界各地で食文化が多様性を見せながら将来に向け
て発展していくことのメリットも見逃してはならない。「新帝国」の
形成を前提としない豊かな食生活が実現できるだろうか？　絵に描い
た餅であろうか？

参考文献

小菅桂子『近代日本食文化年表』雄山閣 , 1997。

曾品滄 , 陳玉箴「『菜譜』にみるアジアの交流」*JunCture* 11, 2020。

朝鮮総督府『朝鮮における支那人』朝鮮総督府 , 1924。

辻治太郎編「条約實施研究會速記録」（第一回・第二回）稲生典太郎編『内地雑居論資料集成』4, 原書房 , 1992。

中原イネ『家庭実用支那料理』文光社 , 1933。

満田百二『日本綜合料理』糧友会 , 1938。

Crosby, Alfred W. *Ecological Imperialism*. Cambridge UP, 1986.

Mintz, Sidney W. *Sweetness and Power*. Penguin Books, 1986.

あ と が き（I）

　本書は、同僚であり、共同執筆者であるツー教授とのひょんな会話から出版することになった。彼とは専門分野こそ異なるが、学際的なテーマや互いの知的関心などについて、機会ある毎に意見交換してきた。そして、この交流の積み重ねによって、今回共同執筆、出版にまでこぎつけることができた。

　本書を手にした読者はわかるだろうが、二人の論考は論文として求められる体裁を取ってはいない。ツー教授的にいえば、「研究エッセイ」、私的にいえば「学術エッセイ」というものになることを願っている。

　私の執筆部分にあたる第I部の1章は、2016〜2018年、日本学術振興会科学研究費助成事業、課題番号16K02062「ミクロネシア女性の身体をめぐる生と性」のテーマによって始めた研究成果の一部で、現地での聞き取り調査の一部をまとめたものである。私にとって未知の世界であり、未踏の地であるミクロネシアについて、調べ始めるきっかけとなったキーワードは、「intellectual curiosity（知的好奇心）」であった。日本とこの地の関係について調査依頼された時、引き受けることに躊躇する私に『知的好奇心がないのだね』、とチャレンジするようにけしかけたその言葉だった。

　知的好奇心とは研究者にとって当然備わっていなければならない資質であろう。しかし、人文・社会科学において学際的アプローチが求められる昨今ではあるものの、研究者の多くは自分の専門に直結する研究やテーマを越えることをあまりしたがらない。そのような傾向から脱したいという欲求も本書出版に向かわせたようだ。

　学生たちにも幅広い分野に「知的好奇心」を持ってもらいたいと常に思ってきた。本書のテーマもその好奇心を刺激するものになること

を目指した。私のゼミ生たちに、日本と歴史的に深い関係を持ち日本人との「混血児」の問題を抱えるミクロネシアから、帝国後の現在を見つめてもらいたいと願っている。第2章と第3章では、最も近くにいる存在であるにもかかわらず、あまりにもその歴史的背景を教えられていない「在日」の存在を可視化し、肯定するために、その食文化についての記憶を歴史化しようとした。そういう思いをふまえて書いた内容が、学生たちにとって日本の近代史の一断面を想像し、学べる一助となればこれ以上の喜びはない。第4章では、コロナにかかり、死の可能性に直面しながらも、重症化するまで自宅待機しか手立てがないという、現在の日本の医療体制と政治の矛盾の問題をあらためて考えるために、「危機管理」について支配装置という視点から水際対策の実体験を記した。学生だけでなく研究者にとっても、執筆者二人の独特な背景と日本以外の多様な場所での経験と知的鍛錬から培われた視点、そして、そこから生まれる問題提起が有用なものであってほしいと期待している。

　最後にツー教授にこの場を借りてお礼を述べたい。彼の具体的なタイムラインの設定とリレー的応答形式がなければ、怠慢で文章を書くことが遅い私は、前に進むことができなかっただろう。また、関西学院大学出版会の田中直哉氏の協力と編集委員会の承諾がなければこのような単立の媒体となることはなかった。加えて、同大学の研究推進事務局のスタッフの影の協力にも感謝したい。末尾に、癖のある私の文章に対して労を惜しまず添削してくださった、演劇論とジェンダー論研究者池内晴子氏、そして、いつも私のベスト読者として、貴重で有益なフィードバックをしてくださるフェミニスト聖書神学、ジェンダー論研究者絹川久子氏に心から感謝を申し上げたい。

李恩子（イ・ウンジャ）

あ と が き（Ⅱ）

　まず、同僚の李恩子教授に感謝を申し上げる。共著者として誘っていただき大変光栄に思う。このような機会が得られたお蔭で、今まで経験したことと感じたことの一部ではあるが、活字にすることによって整理する機会を得ることができた。

　李教授と私は研究者としての経歴も分野も異なるが、研究に関しては似たような関心を持ち、問題にアプローチする時の手法も視座も共通している点が多い。過去10年間、同僚として研究会、国際会議、講演会、雑談などを通じて移民、帝国、戦争、記憶、ジェンダー、正義などについて意見交換する機会が度々あった。最近では特に教授のミクロネシアの研究と食文化についての見解に接し、触発されたことが多い。教授とのディスカッションを重ねたことが、共同執筆にまで発展したことを本当にありがたく思っている。

　執筆にあたって、私はゼミ生と対談することを想像しながらパソコンのキーボードを叩いていた。最初から学術論文ではなく、「研究者によるエッセイ」と勝手に定義したものを目指していた。論文の体裁にとらわれることなく、とにかく今現在自分が考えていることをわかりやすく説明することが目標だった。なので、このエッセイは研究報告ではなく、現在進行中の自分の思考のスナップショットである。したがって、ここで述べている意見は、将来において発展と修正の余地が十分あると考えられる。エッセイなので、説明が足りない、論理が飛躍している、表現が最適ではない、議論が尽くされていないなどの批判はあって当然だろうが、読者にとって何らかの知的刺激になったならば、執筆の目的を達成したことになる。

　大学時代に『ルター雑話』を愛読していた時期があった。マルティン・ルターの性格の強烈さもさることながら、彼の発言の即興性と自

由奔放さに特に魅了された。いうまでもなく私はルターではなく——ただのティモシーなので、宗教改革の巨人と比較にならない。それでも彼の『雑話』の「雑」だけでも真似してみようと試みたのが本書である。

ツー・ユンフイ・ティモシー

李恩子〈Eun Ja Lee〉〈第Ⅰ部〉
関西学院大学国際学部教授。

ツー・ユンフイ・ティモシー〈Timothy Yun Hui Tsu〉〈第Ⅱ部〉
関西学院大学国際学部教授。

K.G. りぶれっと　No. 55

帝国の時代とその後

2021 年 6 月 25 日　初版第一刷発行

著　者　李恩子　ツー・ユンフイ・ティモシー

発行者　田村和彦
発行所　関西学院大学出版会
所在地　〒 662-0891
　　　　兵庫県西宮市上ケ原一番町 1-155
電　話　0798-53-7002

印　刷　協和印刷株式会社

ISBN978-4-86283-323-5
C1030 ¥1400E

9784862833235

定価（本体 1,400 円＋税）

1921030014005

客注

SEI
GAKUIN
UNIVERSITY
PRESS